Das Land, das die Fremden nicht beschützt, geht bald unter.

Johann Wolfgang von Goethe: West-Östlicher Diwan; 1819

REFUGEES WELCOME

KONZEPTE FÜR EINE MENSCHENWÜRDIGE ARCHITEKTUR

Herausgeber
Jörg Friedrich | Simon Takasaki | Peter Haslinger | Oliver Thiedmann | Christoph Borchers

jovis

INHALT

__ FOTOESSAY
__ Klaus Frahm und Herausgeber — 1

__ TEXTE
__ Jörg Friedrich — 38
Plädoyer für eine menschenwürdige „Architektur des Ankommens"
__ Peter Haslinger und Simon Takasaki — 48
Zufluchtsuchende willkommen!
__ Christoph Borchers und Oliver Thiedmann — 52
Das integrative Potenzial der Architektur
__ Kay Wendel — 56
Von der Architektur der Abschreckung zum Wohnen als Grundrecht
__ Stefan Feldschnieders — 64
Impressionen aus der Praxis
__ Amelie Deuflhard — 70
100 Prozent Nutzung – 100 Prozent Kunst
Die „ecoFavela" auf Kampnagel:
Aktionsraum und Treffpunkt für Flüchtlinge

__ HINTERGRÜNDE — 76

__ KONZEPTE — 98
__ Peter Haslinger und Simon Takasaki — 102
Handlungsstrategien
__ Darauf bauen — 106
__ Hinein bauen — 132
__ Zwischen bauen — 168
__ Mobil bauen — 184
__ Neu bauen — 206

__ DANK UND AUSBLICK
__ Jörg Friedrich — 240

__ ANHANG — 242

TEXTE

Die folgenden Beiträge beleuchten das Thema des Wohnens von Geflüchteten aus unterschiedlichen Perspektiven. Jörg Friedrich führt in das Thema ein und beschreibt die Notwendigkeit, politische Verantwortung zu übernehmen. Peter Haslinger und Simon Takasaki beschreiben die Ausgangssituation, auf der das Buch aufbaut. Welches Potenzial die Integration von Flüchtlingen für den urbanen Raum hat, zeigt der Textbeitrag von Christoph Borchers und Oliver Thiedmann. Kay Wendel berichtet, wie Unterbringungen für Zufluchtsuchende umgesetzt werden. Der Architekt Stefan Feldschnieders berichtet aus der Praxis der Planung von Flüchtlingsunterkünften. Amelie Deuflhard erläutert abschließend, wie eine Kulturinstitution für eine Gruppe Geflüchteter ein neues Zuhause wurde.

JÖRG FRIEDRICH
—

PLÄDOYER FÜR EINE
MENSCHENWÜRDIGE
„ARCHITEKTUR DES
ANKOMMENS"

In ihrer Heimat, in Syrien, in Mali, in Libyen, ist nichts. Woanders könnte zumindest etwas sein. Diktatur, Terror, Armut, Hunger, Krieg zwingen Menschen in ihrer Verzweiflung zur Flucht – in der Hoffnung auf ein besseres Leben. Doch die Flucht endet oft tödlich. Diejenigen, die überleben, gelangen häufig über das Mittelmeer nach Italien in den Bereich der Europäischen Union. „So zählte die europäische Grenzschutzbehörde Frontex 2014 an Italiens Küsten zwar 170.000 illegale Einwanderer, doch nur 63.000 Menschen stellten einen Asylantrag in Italien." (Bielicki, Jan: „Einwanderung, made in Germany". In: Süddeutsche Zeitung Nr. 98/28.04.2015; Seite 6) Der Rest, so wird den italienischen Behörden vorgeworfen, wird unkontrolliert über die Landesgrenzen nach Norden weitergeleitet, um die Einwanderungsrestriktionen des Dublin-Abkommens von 1990 zu umgehen.
Hunderttausende Asylbewerber und Flüchtlinge kommen auf diese Weise nach Deutschland. Politisch ist bislang wenig gelöst. Deshalb müssen wir – jeder Einzelne – uns fragen, wie wir mit diesen Menschen umgehen wollen, die den Tod in Kauf genommen haben, einzig hoffend, lebendig nach Europa zu gelangen und nun in Deutschland angekommen sind.
In Deutschland, einer der reichsten Industrienationen der Welt, scheint im Umgang mit ein paar hunderttausend Flüchtlingen das Wissen um die großartige Kultur der europäischen Stadt als erfolgreiches städtebauliches und architektonisches Integrations- und Überlebensmodell für sehr unterschiedliche Bevölkerungsgruppen weitestgehend vergessen worden zu sein.
Die Angst vor einer neuen Völkerwanderung wird politisch geschürt. Schaut man sich die realen Zahlen für Deutschland von

2015 genauer an, stellt man fest, dass die relativ geringen Einwanderungszahlen zurzeit noch gar keine Bedrohung darstellen können.

Flüchtlingsarchitektur: eine neue Architekturaufgabe für die europäische Stadt

Raus in die Peripherie, hinein in alte Kasernen, abschieben in „gated communities" am Stadtrand: In Containeragglomerationen, lieblos aufeinandergestapelt, umgeben von Stacheldrahtzäunen, werden die Flüchtlinge aus den verschiedensten Ländern zusammengepfercht und „zwischengelagert" in den Außenbereichen der Städte. Sie werden vor Übergriffen geschützt, deshalb sind die Lager umzäunt. Sie werden nicht ernsthaft für das Bleiben nach ihrer dramatischen Ankunft vorbereitet. Von der uralten Gastfreundschaft dem Fremden gegenüber ist im Umgang Deutschlands mit den ankommenden Flüchtlingen wenig zu spüren. Tausende von Frauen, Männern und Kindern werden in den blechernen, kaum schallgedämmten Containern der Massenunterkünfte untergebracht; mit dem Nachweis, dass die behördlich verordnete Wohnfläche von sieben Quadratmeter pro Flüchtling eingehalten wird, ist das schlechte Politikergewissen schnell beruhigt. Diese umzäunten Lebenskäfige ohne jegliche Privatheit sind kaum geeignet, den völlig unterschiedlichen sozialen, ethnischen oder religiösen Bedürfnissen der höchst komplexen Bewohnermischungen aus dem Osten Europas, aus den Kriegsgebieten in Nahost, aus Afrika, aus Asien auch nur andeutungsweise gerecht zu werden. Im Gegenteil: Die Blechkistenarchitektur fördert Aggression, Gewalt, Abgrenzung statt Integration. Zu groß sind die Unterschiede im täglichen Leben, als dass die Einhaltung der behördlich vorgesehenen Lebensfläche bereits ausreichend einen humanen, sozialen, religiösen, politischen gemeinsamen Alltagskontext definieren könnte. Dies jedoch gehört zur unabdingbaren Voraussetzung des Lebens in der europäischen Stadt nach der Aufklärung: Alle Bürger sollen individuell leben dürfen innerhalb einer großen urbanen Gemeinschaft zum Wohle des Ganzen, in der Stadtgesellschaft, die sie alle gemeinsam repräsentieren kann – weil sie es will. Warum helfen wir den Flüchtlingen überhaupt in Europa, fragen sich viele. Warum machen wir nicht unsere Grenzen dicht? Unterbinden wir damit nicht auch gleich eine hochkriminelle Schlepperindustrie? Warum fließen die Milliardensummen, welche die Europäer, die reichen arabischen Staaten am Golf, die USA, Israel, Ägypten, um nur einige zu nennen, bereitstellen, nicht in bauliche Hilfe vor Ort, um die Probleme am Ort ihrer Entstehung zu lösen? Könnten wir damit nicht viel besser zukünftige Völkerwanderungen von Millionen von Flüchtlingen nach Europa verhindern?

Natürlich: Es ist einfach festzustellen, dass in Afrika, in Asien, in Nahost, in Osteuropa die Politik versagt hat. Die Flüchtlingsströme und die Siedlungsproblematik haben wir dennoch, und wir werden sie die nächsten 100 Jahre in Europa erleben – mit dramatisch ansteigender Tendenz. Städtebauer, Landschaftsplaner und Architekten, genauso wie Ärzte, Juristen, Lehrer oder Theaterleute, Künstler oder Musiker, um nur einige zu nennen, müssen sich mit den über die Kontinente irrenden Menschen auseinandersetzen. Die Flüchtlinge sind kein Problem der Politik, sie gehen uns alle an.

Konflikte, Aggressionen, Unvereinbarkeiten der in den Flüchtlingsarchitekturen willkürlich zusammengepferchten Bewohner werden, wenn sie überhaupt über die Stacheldrähte nach draußen dringen, gerne politisch als Begründung genommen, um Abschottungsarchitektur und schnelle Abschiebung zu rechtfertigen. Der Fremde, ein zwischengelagertes, vorübergehendes Problem, immer störend, nie bereichernd, ein Aussätziger?

Bilder davon sollen möglichst wenig in die Öffentlichkeit gelangen. Unterstützt wird diese politische Strategie des „Unsichtbarmachens" von der latenten Ausländerfeindlichkeit eines nicht unerheblichen Teils der Bevölkerung. Das politisch bevorzugte „Wegschließen" der Flüchtlinge scheint das allgemein verbreitete „Wegschauen" vieler Einheimischer gut zu ergänzen.

Die vorliegende Publikation eröffnet deshalb mit ausschnitthaften, unkommentierten Blicken auf Flüchtlingsunterkünfte im Stadtgebiet von Hannover, die stellvertretend sind für ähnliche Situationen in vielen anderen deutschen Städten.

Die Fotostrecke aus Hannover dokumentiert den momentanen Stand einer trostlosen Unfähigkeit kommunalen Bauens und Helfens. Alles mag hygienisch sein, hat Strom und Wasser, ist möglicherweise sogar funktional sinnvoll. Die Abwesenheit jeglichen städtischen oder architektonischen Denkens jedoch erzeugt im Ergebnis lediglich „Nicht-Orte" im Sinne von Marc Augé; damit schaffen wir den Fremden keine neue Heimat. Dabei müssen wir gewärtig sein: Das Flüchtlingsproblem wird eines der großen Probleme der europäischen Stadt für die nächsten Jahrzehnte darstellen. Der wachsende Zustrom von 300.000 bis 500.000 Asylbewerbern pro Jahr nach Deutschland [1] wird Stadtentwicklung, Stadtplanung und Architektur möglicherweise in ähnlicher Weise prägen, wie die Industrialisierung die Stadt im 19. Jahrhundert umgeformt hat. Welche Ziele und Lösungsmodelle können Planer der Politik als Entscheidungsgrundlagen anbieten?

Das Recht auf eine menschenwürdige Architektur

Es gibt in der europäischen Architekturgeschichte nicht nur die Repräsentationsarchitektur. Einfachste Architekturen sichern das Wohnen und Überleben für Millionen von Menschen in der europäischen Stadt seit Jahrhunderten. Immer auf das Notwendigste beschränkt, entfalteten diese Bauten im städtischen Zusammenhang dennoch eine architektonische Würde. In dieser Hinsicht könnte bereits seit dem Mittelalter die wachsende europäische Stadt als Vorform einer „Refugees Arrival City" interpretiert werden. Über die beinahe modern anmutende Kargheit hinaus ist sie in ihrer materialen Intelligenz immer ortsbezogen, in ihrer urbanistischen Kreativität zukunftsoffen. Seit Jahrhunderten manifestiert sich in allen architektonischen Konzepten und Erscheinungsbildern über das kollektive Erscheinungsbild der Stadt die Wertschätzung ihrer Bewohner. Architekturkonzepte sorgen oft für die menschenwürdige Unterbringung und Integration neuer Bevölkerungsschichten: Architektur ist geforderter Teil dieses Stadtprogramms. Viele dieser einfachsten Architekturen sind später Denkmäler oder Weltkulturerbe geworden (so zum Beispiel die Fuggersiedlung in Augsburg, das Französische Quartier in Potsdam oder die Ghettos in Rom und Venedig, die, obwohl sie architektonisch weniger der Integration, sondern eher der Abgrenzung dienten, städtebaulich bereits im Zentrum der Städte eingeordnet wurden).
Die Architekturen der Flüchtlingsunterkünfte von 2015 bis 2050 könnten sich von dieser Geschichte inspirieren lassen. Wieso heutzutage die Architektur für Flüchtlinge nur Schrott aus Blech sein muss, die Umwelt verschandeln und keine Zukunft haben soll, ist unverständlich. Architektur für Flüchtlinge zu entwerfen heißt Umsetzungsmodelle zu entwickeln für eine menschenwürdige Unterbringung von Hunderttausenden von Menschen und für die Entwicklung einer Stadtkultur. Architektonisch und städtebaulich bietet das Flüchtlingsproblem die Chance, über neue Architekturansätze ein Konzept für ein neues Zukunftsbild für die Stadt zu entwickeln. Neue Modelle müssen her: Der Markt für Blechcontainer ist in Deutschland für 2015 ohnehin restlos leergefegt. Absurd:

Neue Container sind pro Quadratmeter BGF in Deutschland bereits oft teurer als Eigentumswohnungen in guten Innenstadtlagen. Dennoch wird viel Geld in diese unsinnigen Containeranlagen zur temporären Unterbringung von Fremden gepumpt, um diese angeblich schneller schützen zu können. Das muss nicht sein.

Beispiel Hannover: ein Modellversuch zur Flüchtlingsarchitektur, übertragbar auf viele andere deutsche Städte

Die Hannover ministeriell zugeteilte Unterbringungsquote von 2500 Flüchtlingen für 2015 stellt überhaupt kein Problem dar – das ist die Arbeitshypothese für die Entwurfskonzepte eines Forschungsprojektes für neue Flüchtlingsunterkünfte in dieser Publikation.

Hannover ist eine typische größere Stadt in Deutschland, stark zerstört im Zweiten Weltkrieg, wiederaufgebaut in den 60er und 70er Jahren des letzten Jahrhunderts: eine moderne „Stadt ohne Eigenschaften". Sie ist weder besonders ausländerfreundlich noch -feindlich, ganz so wie viele andere deutsche Städte auch. Deshalb haben die Herausgeber diese Stadt zum Ausgangspunkt für Überlegungen zur Entwicklung neuer architektonischer Strategien zur Flüchtlingsunterbringung gemacht.

Die Erkenntnisse aus den Studien und Entwürfen für Hannover von Architekturstudierenden und Architekten im Rahmen eines Forschungs- und Entwurfsexperimentes 2014 bis 2015 an der Leibniz-Universität Hannover zeigen exemplarisch, dass 2015 – im Zusammenwirken von unterschiedlichsten Architekturkonzepten – tatsächlich schnell und problemlos 2500 Menschen untergebracht werden könnten. Damit nicht genug: Die Ergebnisse aus Hannover sind strukturell übertragbar auf viele andere deutschen Städte.

Was sind die Erkenntnisse aus den Entwurfs- und Forschungsseminaren?

Vorhandene Ressourcen ausschöpfen: Hotelbetten statt Containerdörfer

Die Stadtverwaltung von Hannover muss 2015 2500 Flüchtlinge aufnehmen. In einem Radius von zwanzig Kilometern um das Messegelände gibt es 10 000 Hotelbetten; als Ergänzung zu dem Hotelangebot werden zu Messezeiten zusätzlich 25 000 Betten in privaten Unterkünften angeboten. Auch im Vergleich zu 25 000 unterzubringenden Studenten dürften 2500 Flüchtlinge mehr oder weniger daher kein großes Problem für die Stadt darstellen (Quelle: www.meine-infa.de, 2015).

Es gibt diese Hotelkonzeptionen bereits. In Augsburg zum Beispiel mischen sich Hotelgäste mit Asylbewerbern. In Wien gibt es Seniorenheime, dort leben alte, kranke Einheimische zusammen mit jungen Fremden. Diese Modelle zeigen unkonventionelle neue Wege auf und helfen gleichzeitig, vorhandene Raumressourcen intelligent neu zu nutzen. Warum nicht auch in Hannover, in anderen deutschen Städten? Vermietungen von Zimmern in Wohnungen von Privatpersonen könnten einen weiteren Lösungsansatz darstellen. Der dazu erforderliche Mut wäre in der Bevölkerung sicher größer, wenn er vielleicht auch belohnt werden würde.

Merkwürdig: In Politik und Verwaltung ist die Überraschung groß über die ankommenden Fremden. Keiner scheint etwas gewusst zu haben. Keiner ist vorbereitet. Eine Welle von 2500 Fremden scheint Städte wie Hannover, Köln oder Hamburg unrettbar zu überschwemmen. Gleichzeitig befürchten Städte Imageschäden, wenn ihre wenig überzeugenden Lösungsmodelle publik gemacht werden: 2500 Hotelbetten oder Privatbetten bräuchten nur angemietet zu werden für sechs bis zwölf Monate, damit ist das Problem erst einmal kurzfristig gelöst. Was ist daran so schwierig?

Flüchtlingswohnen inmitten der Stadt, nicht draußen in der Peripherie

Warum sollte es Flüchtlingen anders ergehen als den Hannoveranern? Die meisten Einwohner Hannovers wohnen lieber zentrumsnah, bevorzugt in den schönen Gründerzeitvierteln, als in der fernen Peripherie am unwirtlichen Rand der Großstadt. Deshalb ist die Suche nach innerstädtischen Standorten bedeutsam für die zukünftige Entwicklung von Flüchtlingsarchitekturen. Leicht kollidiert sie mit handfesten wirtschaftlichen Interessen der Wohnungs- und Bürobauinvestoren; daher konzentrieren sich die Vorschläge in diesem Buch auf unbeachtete oder vergessene Orte, die aufgewertet werden können, „lost places" im Zentrum der Stadt.

Architektur der Gemeinsamkeit, nicht Architektur der Isolation

Bei vielen Einheimischen stößt die Idee, mit den neu hinzukommenden Fremden an durchmischten Standorten zusammenzuleben, oft zunächst auf Angst und löst Ausgrenzungsreflexe aus. Doch im Bereich überschaubarer Unterbringungssituationen, beim gemeinsamen Arbeiten und Lernen, bei Sport und Freizeit, bei kulturellen Aktivitäten gehen Inländer und Ausländer leichter aufeinander zu. Erfahrungen aus Schule und Universität, aus gegenseitigem Lehren und Lernen, aus der bildenden Kunst, aus Tanz, Theater, Musik zeigen, wie schnell mit Bürgerengagement Integration und Gemeinsamkeit realisiert werden kann. (Huck, Ella und Reinicke, Dorithea (Hrsg.): Masters of Paradise: Der transnationale Kosmos Hajusom - Theater aus der Zukunft; Berlin 2014)

Die im Seminar entwickelten komplexen Architekturmodelle für das gemeinsame, durchmischte Wohnen in der Stadt können dabei helfen, ankommende Flüchtlinge schneller in eine gemeinsame städtische Lebenswelt zu integrieren.

Architektur und Planung als Konfliktvermeidungsstrategie

Die in Deutschland ankommenden Flüchtlinge entstammen ganz unterschiedlichen kulturellen Hintergründen. Daher bilden politische und religiöse Gegensätze neben der Angst vor Verfolgung und vor den neuen Lebenszusammenhängen bei auf engstem Raum in Lagern zusammengepferchten Gruppen ein großes Konfliktpotenzial. Durch geschickt geplante Wohnungsbelegungspolitik lassen sich solche Konflikte bereits im Ansatz vermeiden. Soziologen, Religionswissenschaftler, Psychologen und Konfliktforscher können hier Handlungsmuster für Verwaltungsentscheidungen vordenken. So wie sich ein Lehrer aus Hannover sein Wohnumfeld genauestens aussucht, bevor er mietet, sollten auch zukünftige Stadtquartiere für Flüchtlinge unterschiedlicher Herkunft wählbar sein. Sorgfältige Planung des sozialen und baulichen Umfeldes im Stadtzusammenhang hilft, spätere Konflikte zu vermeiden.

Die „kleine zentrumsnahe Wohneinheit" schafft Gemeinschaft

Es ist erstaunlich, wie wenig in der Flüchtlingsarchitektur bislang einfachste Erkenntnisse aus dem Wohnungsbau Beachtung gefunden haben. Die Wohneinheiten für Flüchtlinge sollten durchaus größenbeschränkt werden. Gezeigt hat sich in vergleichbaren Flüchtlingscamps in Hamburg, dass Einheiten mit bis zu 50 Bewohnern erheblich konfliktfreier zu bewohnen sind als alle darüber hinausgehenden größeren Einheiten. Die „kleine zentrumsnahe Wohneinheit" mit knapp

50 Personen (diese Größe entspricht der Bewohnerzahl eines sehr beliebten urbanen Wohntyps: des fünfgeschossigen Zweispänners mit Dachgeschoss aus der Jahrhundertwende in der Nordstadt von Hannover) ermöglicht die überschaubare, maßstäbliche Integration der Flüchtlinge in bestehende Stadt-, Raum- und Sozialstrukturen im Unterschied zur Ausgrenzung in großen, abgeschlossenen Massenlagern am Rande der Stadt. Eine Erkenntnis, die nicht verwundert.

Innovation als Prinzip – neue Formen des Zusammenwohnens

Das Wohnen auf Zeit ist eine neue Wohnform, die dem modernen Großstadtnomaden entgegenkommt. Weltweit reagiert der Markt in den Metropolen auf die große Nachfrage nach Kleinstwohnungseigentum im Zentrum mit neuen Bautypologien von flexiblen, wandelbaren Miniwohnungen. Strukturell ist die Situation von Flüchtlingen derjenigen dieser „Nomaden" nicht unähnlich. Was wäre, wenn die Investoren dieser neuen Miniwohnungen verpflichtet würden, zum schnelleren Erlangen der Baugenehmigung eine Zeitlang diese Typologien den bedrohten Flüchtlingen und den neuen Eigentümern gemeinsam zur Verfügung zu stellen? Ökonomisch wäre ein solcherart anpassungsfähigeres Architektur- und Nutzungskonzept sinnvoll. Denn: Hier begegnen sich zwei sehr unterschiedliche Bewohnergruppen in der Stadt; beide sind aufgrund ihrer stark schwankenden Präsenz auf innovative, unkonventionelle Architekturkonzepte angewiesen. Innovation im Wohnen auf kleinstem städtischem Raum und die geschickte Mischung von neuen Wohnkonzepten ist gefragter denn je; steuern kann das eine clevere Stadt- und Architekturplanung.
Zwischennutzungen, mobiles Wohnen auf Zeit, Verdichtung und Umnutzung innerstädtischer Verkehrsbauten, die Suche nach neuen Wohnstandorten auf innerstädtischen Wasserflächen oder das Füllen von „unbebaubaren" innerstädtischen Baulücken öffnen den Blick auf neue architektonische Lösungsansätze.

Öffentliche Bauten aus der Nachkriegsmoderne

Ein großer Teil der öffentlichen Bauten aus der Nachkriegsmoderne nicht nur in der Innenstadt Hannovers hat riesige Flachdachressourcen. Diese Flachdächer sind allesamt erschlossen mit Treppenhäusern. Sie können leicht mit einfachen Bautypologien aufgestockt, erweitert oder verdichtet werden.

Im Rahmen der Verdichtung finden gleichzeitig Dachsanierungen und energetische Ertüchtigungen statt, sodass ohnehin fällige bauliche Maßnahmen beim Umbau der Dächer zu neuen Dachwohnstandorten als Synergieeffekt wirksam umgesetzt werden können. Im Hochschulbau können neue Formen der Gemeinsamkeit in der Zusammenführung von Wohnen und Arbeiten für Studenten und Asylanten getestet werden. Vorhandene Universitätsgebäude in Hannover können mit Mischnutzungen von studentischen Arbeitsplätzen und Wohnungen für gleichaltrige Flüchtlinge aufgestockt werden, um über gemeinsames Studieren und gemeinsames Studentenwohnen eine Integration der Neuankömmlinge zu erleichtern. Die soziale Utopie der Nachkriegsmoderne wird mit in ihren eigenen Bauten implantierten Flüchtlingsunterkünften späte Realität. Leerstehende Gebäude oder ungenutzte Denkmäler, etwa die spektakuläre Ruine des niederländischen Pavillons auf dem Expogelände in Hannover, könnten ebenso erhalten werden, indem sie zu Wohnhäusern umgenutzt und in diesem Zug saniert werden.

Verstetigung oder Durchgangslager?
Die Architektur der Unterkünfte sollte sich nicht beschränken auf eine interimistische Gegenwart. Einige Entwürfe antizipieren eine stabile Zukunft in der Stadt für die Flüchtlinge. Die Verstetigung ihres Aufenthaltes sollte mit Hilfe der architektonischen Konzepte genauso selbstverständlich werden wie die allmähliche integrative Nutzungsmischung als Voraussetzung für ganz andere, neue Wohn- und Lebensformen. Neue Stadt- und stabile Architekturmodelle zielen auf das wechselnde Zusammenspiel zwischen Einheimischen und Ankommenden und die allmähliche, langfristige Integration. Einige der hier vorgestellten Entwurfskonzepte vertiefen diesen Aspekt: Warum soll man nicht in der Beispielstadt Hannover neue Wohnungen, Studentenwohnheime, Seniorenwohnheime etc. bauen und dabei in der neuen Quartiersarchitektur immer zehn bis fünfzehn Prozent Flüchtlingswohnungen integrieren? Hier gilt der Grundsatz: Neue Wohngruppen für Flüchtlinge werden gemischt mit anderen Wohnformen, sei es im Geschossbau durch vertikale Schichtung und Mischung oder durch horizontale Reihung bei Stadthaustypologien. Eine neue Förderpolitik könnte die Erstellung von Flüchtlingswohnungen und die Mischung mit konventionellen Wohnungsbauprogrammen begünstigen.

Tabubruch

Der Schrebergarten wird zum Wohnort. Einzelne Baumodule für Flüchtlinge werden innerstädtischen Kleingartenflächen hinzugefügt. Es könnten ungeahnte neue Plattformen menschlicher Kommunikation und neue Formen des Zusammenlebens entstehen. Das Wohnen müsste allerdings zeitweise erlaubt werden in den Gartengemeinschaften, das ist die Voraussetzung.

Neue Materialitäten: Holzbau statt Blechkisten

Die Montagebauweise und die Notwendigkeit, rasch neuen Wohnraum zu schaffen, eröffnen ungeahnte neue Möglichkeiten für lange wenig beachtete Materialien und Konstruktionsmethoden im Wohnungsbau: Aufgrund des hohen industriellen Vorfertigungsgrads beim Holz- und/oder Stahlskelettbau mit ausgefachten Holzelementen lässt sich schnell bauen. Die schwierigen thermischen und akustischen Probleme, die die üblichen Blechcontainer aufwerfen, ließen sich mit Holzbauten leicht umgehen; zudem bietet die angenehme Haptik dieses Baustoffes eine Alternative zu den abstoßenden Blechwohnwelten – eine bewohnbare, addierbare, stapelbare, vor allem schnell zu errichtende, umweltfreundliche und dazu noch würdige „Architektur des Ankommens" schafft den Neuanfang über die Architektur.

Neuanfang über die Architektur

Architekten und Städtebauer, Planer, Investoren und Baufirmen, Planungsbehörden und Fördergeber – um nur einige der Akteure zu nennen – müssen sich stärker – einmischen, um Wege aufzuzeigen, wie wir mit dem angeblich nicht zu bewältigenden Zustrom von Flüchtlingen nach Deutschland umgehen können. Sie müssen der Politik Lösungen bieten für die menschenwürdige Unterbringung dieser Menschen, bis hin zur konkreten baulichen Umsetzung. Gäbe es ein Grundrecht auf Architektur und Baukultur, würde es für alle Menschen gelten, für Bürger dieses Landes ebenso wie für Flüchtlinge aus der Fremde. Ein Umdenken in Bezug auf die Flüchtlingsunterbringung und ihre architektonische Umsetzung ist gefordert. Dazu will die vorliegende Publikation ermutigen.

PETER HASLINGER
UND
SIMON TAKASAKI
—
ZUFLUCHTSUCHENDE
WILLKOMMEN!

Das Thema der Flucht ist keine neue, aber eine aktuelle gesellschaftspolitische und räumliche Fragestellung. Menschen und Gesellschaften waren schon seit jeher in Bewegung. Das Verlassen der Heimat, ausgelöst durch existenzielle Bedrohungen wie Kriege, Hunger, Verfolgung oder die Hoffnung auf eine Verbesserung der aktuellen Lebenslage ist keine neue, sondern eine beständige Erscheinung in der Geschichte.
Diese Wanderbewegungen sind oftmals ein entscheidender Impuls zur Veränderung und Entwicklung der jeweiligen Länder.
Einerseits fliehen Menschen aus ihrem Heimatland vor unmenschlichen Zuständen, andererseits setzen diese Bewegungen auch immer neue Energien und Potenziale frei, sowohl im Herkunfts- wie auch im aufnehmenden Land.
Je mehr in den letzten Jahren das Thema der Unterbringung und Integration von Flüchtlingen in der deutschen Öffentlichkeit in den Vordergrund rückt, desto drängender stellt sich die Frage, wie dieser Herausforderung nicht nur gesellschaftlich und politisch, sondern auch planerisch begegnet werden kann. Deutlich ist, dass die bisherigen Handlungsstrategien hierzu noch keine befriedigende Antwort formulieren konnten.
Die Architekten und Städteplaner sind angehalten, sich lebhaft in diese Debatte miteinzuschalten. Es gibt nur wenige überzeugende Konzepte, die den Menschen sowohl einen menschenwürdigen Lebensraum bieten als ihnen auch eine positive Integration in unsere Gesellschaft ermöglichen. Meist sind Kurzfristigkeit, finanzielle Kürzungen und gesetzliche Rahmenbedingungen der Grund für diese Missstände, aber auch politische und gestalterische Visionslosigkeit sowie das Fehlen einer

längerfristigen Strategie im Umgang mit Geflüchteten.
Anstatt die unterschiedlichen Akteure wie Kommunalpolitiker, Stadtplaner, Architekten, Eigentümer und Betreiber an einen Tisch zu führen, werden Generalübernehmer gerufen, um das Handlungsvakuum zu füllen. In diesem Vakuum liegen jedoch auch Chancen – eine Leerstelle, die besetzt werden will. Unsere Gesellschaft muss die Gestaltungsmöglichkeiten wieder wahrnehmen: die Chancen erkennen, Visionen umsetzen, aber auch scheitern dürfen.
In vielen Medien überwiegen Angst und ein gewisses Ohnmachtsgefühl der immer größer werdenden Verantwortung gegenüber. Dieses Buch soll auch ein Beitrag dazu sein, das stark mit negativen Aspekten verbundene Thema in ein positiveres Licht zu rücken. Es braucht eine breite öffentliche Diskussion und keine „Angstdebatte".
Auf der Suche nach Möglichkeiten stellen sich natürlich die Fragen, welche Strategien und Konzepte außerhalb konventioneller Planungen nötig sind, um den Prozess der Integration zu fördern und welchen Beitrag Architektur überhaupt leisten kann.
Klar ist: Architektur im Sinne von gebautem Raum kann nur Teil eines größeren Konzeptes der Integration und des Miteinanders sein. Umfassender angelegte Vorgehensweisen sollten eine Kombination aus Architektur, Stadtplanung und zivilgesellschaftlichen Organisationen und Flüchtlingsinitiativen suchen, um nicht nur für Geflüchtete zu planen, sondern mit ihnen.
Das vorliegende Buch fasst die Ergebnisse des Entwurfsprojekts „Refugees Welcome!" am Institut für Entwerfen und Gebäudelehre, Prof. Jörg Friedrich, Fakultät für Architektur und Landschaft, Leibniz Universität Hannover aus dem Wintersemester 2014/15 zusammen, bei dem sich die Studierenden aus architektonischer Sicht mit der Herausforderung und den Potenzialen der Aufnahme von Flüchtlingen in Deutschland am Beispiel Hannovers beschäftigt haben.
Die Flüchtlingsunterkunft wurde nicht nur als Ort temporären Wohnens betrachtet, sondern als räumlicher Ausdruck dafür, wie ein Land mit Fremden und Hilfesuchenden umgeht.
Vor allem auch der Prozess der Verstetigung und das Entwerfen mit dem Faktor Zeit wird thematisiert und in prozessorientierten Entwürfen entwickelt.
Es wurden Vorschläge erarbeitet für alternative, innovative und prototypische Formen des Wohnens für Geflüchtete.
Die Bearbeitung des Entwurfsprojekts verlangte von den

Studierenden eine umfassende Recherche, nicht nur in Bezug auf den planerischen und städtebaulichen Zusammenhang. Vor allem die Auseinandersetzung mit der extremen psychischen und physischen Belastung der teils traumatisierten und von Leid gezeichneten Menschen verhalf den Studierenden zu einem tieferen Verständnis der Bewohner und ihrer Bedürfnisse.

Die Stärke einiger Arbeiten ist der Blick über die bloße Erfüllung des Bedürfnisses nach Wohnraum hinaus auf die sinnvolle und verbessernde Integration der Unterkünfte in den urbanen Raum. Nur so kann es gelingen, die Neuankömmlinge in die bestehenden Strukturen zu integrieren – oder gar eine Symbiose zu erzielen.

Die Entwurfsarbeiten beziehen sich zunächst auf Lösungen an unterschiedlichen Orten innerhalb der Stadt Hannover. Entscheidender Bestandteil aller Konzepte ist jedoch ihr prototypisches Potenzial, die Übertragbarkeit auf andere Städte. Schließlich ist Hannover nicht die einzige europäische Stadt, die vor der großen Herausforderung steht, die Flüchtlingsströme neu zu strukturieren und zu integrieren. Im Entwurfsprojekt „Refugees Welcome!" versuchten wir uns mit den Studierenden unserer Verantwortung zu stellen, um mit unseren Mitteln neue Möglichkeiten, Ansätze und Lösungen zu denken und zu entdecken.

Angesichts der steigenden Zahl an Flüchtlingen geraten die traditionellen Bestrebungen der Integration und „Unterbringung" an ihre Grenzen. Deshalb haben wir uns in den Projekten konsequent für produktive und streitbare Ansätze oder gar Visionen eingesetzt, um vorhandene Freiräume aufzuspüren und für Flüchtlinge nutzbar zu machen.

So entstanden zum Beispiel Ideen, die sich mit der Stadtreparatur und der Ausnutzung von Baulücken beschäftigen. In dem Projekt „Bunte Lücke" kann schon die schmalste aller Baulücken mit dem richtigen Wohnkonzept zu einem bewohnbaren Ort innerhalb eines funktionierenden Quartiers werden und gleichzeitig heilend auf fragmentierte Bausubstanz einwirken.

Flachdächer von Universitäten können bei „Für- Auf- Miteinander" durch vertikale Schichtung erweitert werden und sowohl Lebensraum als auch eine synergetische neue Form der Arbeitswelt entstehen lassen. Gleichzeitig wird günstiger Wohnraum für Studierende geschaffen.

Stillgelegte Güterbahnhöfe in zentraler Lage werden bei „Refugee Station" zu einem neuen Wohnquartier umgenutzt.

Beim Projekt „Wir wohnen im Zug" können mobile Wohnungen in umgenutzten Waggons oder modulare Wohneinheiten in Holzleichtbauweise zu Ensembles zusammengefügt werden. Je nach Bedarf können die Waggonwohnungen über das öffentliche Schienennetz europaweit zu ihren Einsatzorten gefahren werden.
Ebenso mobil und effizient kann bei „Floating Houses" mithilfe von energetisch autarken Frachtschiffschwimmkörpern Wohnraum auf den zahlreichen innerstädtischen Wasserflächen entwickelt werden.
Schrebergartenkolonien in zentraler Stadtlage existieren in großer Zahl in vielen deutschen Städten. „My Schrebergarten" aktiviert diese Orte der Erholung sensibel mit der Implantierung von kleinen Wohneinheiten und kann in ein integratives Wohnkonzept für Schutzsuchende eingebunden werden.
Das Projekt „Wohn[Park]Haus" nutzt das Potenzial von Parkhäusern in perfekter Innenstadtlage für die Entwicklung von günstigem Wohnraum.
In gut gemischten Wohnvierteln kann mithilfe eines intelligenten Finanzierungskonzeptes sowohl exklusiver als auch bezahlbarer Wohnraum für eine integrative Gesellschaft geschaffen werden, behauptet das Projekt „WIN".
Alle im Entwurfsprojekt entwickelten und hier präsentierten Konzepte stellen Flexibilität und Reaktionsfähigkeit in den Mittelpunkt, da die vorhandenen Strukturen und Systeme mit der momentanen Situation offenbar überfordert zu sein scheinen.
Es war und ist eine Fehleinschätzung zu glauben, dass Flüchtlinge nur eine temporäre Unterkunft benötigen. Die Situation hat sich grundlegend geändert. Deutschland ist ein Einwanderungs- und Fluchtland und wird es bleiben. Es gilt daher, angesichts der Herausforderung von Flucht und Migration eine langfristige Strategie zu entwickeln. Neben den Maßnahmen zur Unterbringung müssen Möglichkeiten sozialer, kultureller und kommunikativer Integration im städtischen Raum geprüft und erprobt werden.
Erwartungen, dass die Konzepte und Ideen, über die Sie hier lesen werden, einfache Rezepte liefern, die sich unmittelbar umsetzen ließen und sofort wirken würden, wären überzogen. Sie sollen vielmehr Möglichkeiten aufzeigen und dafür sensibilisieren, die Augen zu öffnen für Potenziale, die in jeder Stadt, an vielen Plätzen und Orten nur darauf warten, entdeckt zu werden.

CHRISTOPH BORCHERS
UND
OLIVER THIEDMANN

DAS INTEGRATIVE
POTENZIAL
DER ARCHITEKTUR

Willkommenskultur

Die aktuelle Flüchtlingsdebatte wird gerade in einem oft gegensätzlichen Spannungsfeld diskutiert. Während große Teile der Gesellschaft über Probleme und Konflikte debattieren, wird die Zuwanderung von Menschen aus anderen Regionen der Welt von einigen auch als Chance gesehen. Ein immer wiederkehrender Begriff in diesem Zusammenhang ist das Wort „Willkommenskultur". Die Schrader Stiftung definiert sie als „eine Kultur des Willkommens für Neuzuwandernde". Häufig wird sie in Verbindung mit der „Anerkennungskultur" genannt: „eine Kultur der Anerkennung, die die Leistung bereits seit längerem in den Kommunen lebender Menschen ausländischer Herkunft würdigt."(Schrader-Stiftung 2014: 12) Beide „tragen zu Toleranz und Respekt gegenüber Menschen mit anderen kulturellen Wurzeln bei. Ziel ist es, eine wertschätzende Haltung zu zeigen und eine toleranzfördernde Atmosphäre zu schaffen, die von der städtischen Gesellschaft insgesamt getragen wird." (Schrader-Stiftung 2014: 12) Beide Begriffe stehen im Kontext eines positiven Verständnisses von Zuwanderung, das ihre Chancen und Potenziale in den Vordergrund stellt. Wichtige Stichpunkte dabei sind: Fachkräftemangel, Aufrechterhaltung von Infrastruktur in schrumpfenden Kommunen und gesellschaftliche Vielfalt.

Dabei stellt sich die Frage, ob es einen räumlichen Ausdruck der Willkommenskultur gibt und Integration durch architektonisch-räumliche Maßnahmen gefördert werden kann bzw. ob im Umkehrschluss die Ansiedlung von Menschen aus anderen Regionen auch eine langfristige Veränderung des bestehenden Umfeldes bewirkt.

Die Ergebnisse der Studierenden des Seminars „Auf der Flucht" machen deutlich, dass durch die Flucht vor Verfolgung oder wirtschaftlicher Not ausgelöste Wanderbewegungen und das Zusammentreffen und Verschmelzen von Menschengruppen verschiedener Herkunft Prozesse sind, die es seit jeher gibt. Betrachtet man Deutschland seit der frühen Neuzeit, so lassen sich viele Wanderungsbewegungen aus und nach ganz Europa feststellen. Dazu gehören beispielsweise die Immigration von verfolgten spanischen und osteuropäischen Juden, französischen Hugenotten und niederländischen Remonstranten vom 15. bis ins 18. Jahrhundert, innerdeutsche Fluchtbewegungen im Dreißigjährigen Krieg und Fluchtbewegungen von Deutschland nach Amerika infolge der Hungersnöte im 18. und 19. Jahrhundert. Von den Nationalsozialisten verfolgte jüdische Deutsche verließen ihr Land zwischen 1933 und 1945. Vertriebene Deutsche aus den ehemaligen deutschen Ostgebieten flohen infolge des Zweiten Weltkrieges in die heutige BRD. Ab den 1950er Jahren wurden „Gastarbeiter" aus Südeuropa und der Türkei angeworben. Bürgerkriegsflüchtlinge aus den verschiedenen Ländern des ehemaligen Jugoslawiens kamen zwischen 1991 und 2000 nach Deutschland.

Willkommensarchitektur

Ein Blick in die Geschichte zeigt außerdem, dass sich über die letzten Jahrhunderte schon verschiedene Herrschende mit der Schaffung von Willkommensarchitekturen beschäftigt haben:
Mit dem Ziel eine Handelsmetropole zu errichten gründete Herzog Friedrich III. von Schleswig-Gottorf 1621 die heute in Schleswig-Holstein liegende Stadt Friedrichstadt. Zur Umsetzung seiner Pläne bot er den in den Niederlanden verfolgten Remonstranten eine neue Heimat und sicherte ihnen diverse religiöse und wirtschaftliche Privilegien zu. Die Niederländer galten als hervorragende Wasserbauer und Händler. Mit großem Geschick entwässerten sie durch die Anlage von Kanälen und Schleusen das moorige Gebiet. Die Häuser der im Schachbrettmuster angelegten Planstadt wurden mit holländischen Baumaterialien von holländischen Baumeistern nach holländischem Vorbild errichtet. (Vesely 2012: 280) Da der Herzog sich auch um andere verfolgte Glaubensgruppen bemühte, wie Juden und Mennoniten, siedelten sich immer mehr Menschen verschiedener Religionen in Friedrichstadt an. „Namhafte Gelehrte und Humanisten zog es in die außergewöhnliche, multikonfessionelle Stadt." (Vesely 2012: 410) Auch wenn Friedrichstadt niemals zur großen Handelsmetropole geworden ist, so gilt es heute immer noch als Stadt der

Toleranz. Die Grachten und kleinen Stadthäuser der niederländischen Backsteinrenaissance sorgen für eine florierende Tourismuswirtschaft in Friedrichstadt.

Mit dem Edikt von Potsdam regelte der Kurfürst Friedrich Wilhelm 1685 die Aufnahme von 20.000 der in Frankreich verfolgten Hugenotten in Preußen. Seine Motive waren neben der eigenen Religion die Akquise von handwerklichem Wissen, für die im Dreißigjährigen Krieg schwer geschädigte Mark Brandenburg (Wilke 1988: 20). Den Flüchtlingen wurden Religionsfreiheit, wirtschaftliche Privilegien, Grundstücke und kostenloses Baumaterial zugestanden. Die Hugenotten prägten Berlin, wo sie hauptsächlich angesiedelt wurden, nicht nur wirtschaftlich, wissenschaftlich und kulturell, sondern auch räumlich. Sie eröffneten die ersten Gartenlokale und bestimmten durch Kirchen, wie den Französischen Dom, das Bild der Stadt. Auch wenn es, besonders aus den unteren Schichten der einheimischen Bevölkerung, extremen Widerstand gab, zeigt die Integration der Hugenotten über drei Generationen auf hervorragende Weise die wirtschaftlichen und gesellschaftlichen Potenziale, die die Aufnahme von Menschen aus anderen Ländern für den städtischen Raum eröffnet. Ähnliche Beispiele sind das Holländische und das Russische Viertel in Potsdam oder die Gründung von Glückstadt.

Auch im ländlichen Raum hat die Ansiedlung von Flüchtlingen Spuren hinterlassen. „12,5 Millionen Flüchtlinge und Vertriebene aus den ehemaligen deutschen Ostgebieten wurden in Folge des Zweiten Weltkriegs in den letzten Kriegsmonaten und den Nachkriegsjahren vor allem im ländlichen Raum angesiedelt." „Die schlichte Architektur der Siedlungshäuser am (ehemaligen) Ortsrand und die Zunahme von Aussiedlerhöfen macht die durch die Ansiedlung der Flüchtlinge erfolgten baulichen Erweiterungen noch heute sichtbar."(Schrader-Stiftung 2007) Heute ziehen schon länger in Deutschland lebende Einwanderer aus benachteiligten Großstadtvierteln in die Zentren kleinerer Umlandstädte, wo die häufig schlechte Bausubstanz für einheimische Familien unattraktiv ist, und beleben sie neu. Obwohl Institutionen ausländischer Mitbürger wie Restaurants und Geschäfte inzwischen ein selbstverständlicher Teil unserer Lebenswelt sind, gibt es nach wie vor einen starken Vorbehalt gegenüber den Fremden. Flüchtlingswohnen wird überwiegend mit negativ geprägten Bildern assoziiert. Doch ist es nicht auch die Architektur, die den Menschen zu einer ersten, subjektiven Wahrnehmung führt und ein Bild des Flüchtlingslebens in den Kopf setzt? Negative Affekte bei der

Betrachtung von Flüchtlingsunterkünften in Form von Containern, teils mit rostigem Metall verkleidet und von Stacheldraht umgeben, assoziieren dem Betrachter ein negatives Bild der Bewohner, genauso wie den Bewohnern einer gepflegten Villa automatisch gesellschaftlich angesehene Attribute zugeordnet werden. Flüchtlinge werden so untergebracht, wie sie gesellschaftlich behandelt werden – isoliert.
Laut Kevin Lynch ist das wohlige ‚Heimat'-Gefühl dann am stärksten, wenn ‚Heimat' nicht nur etwas Vertrautes, sondern auch irgendwie Charakteristisches ist." (Lynch 2010: 14) Die Besonderheit der im Projektteil dargestellten Entwürfe der Studierenden ist das Charakteristische: besondere Orte, mit denen sich die Neuankömmlinge identifizieren können, die nicht nur temporär besetzt werden, sondern eine nachhaltige Integration in die bestehende Stadtgesellschaft ermöglichen.

Die Mitmachkultur

„Der Beobachter selbst muss bei der Betrachtung der Welt aktiv werden und schöpferisch an der Entwicklung des Bildes mitwirken. Er muss in der Lage sein, dieses Bild auszuwechseln, um wechselnden Bedürfnissen Rechnung zu tragen."(Lynch 2010: 16)
Die historischen Beispiele zeigen, wie Flüchtlinge direkt in das Stadtleben integriert werden können. Dazu gehört in erster Linie, dass die ansässige Gemeinschaft bereit ist, sich interkulturell zu öffnen und die Zuwanderer am gesellschaftlichen, kulturellen und wirtschaftlichen Leben teilnehmen zu lassen. Ermöglicht man es den Zuwanderern, aktiv an der Erschaffung ihrer neuen Heimat mitwirken zu können, gibt man ihnen auch die Chance, sich räumlich zu verorten und ihr eigenes Potenzial zu entfalten. Langfristige und nachhaltige Planungen anstatt kurzfristig erstellter Containersiedlungen schaffen einen baukulturellen Mehrwert und ermöglichen es einheimischen Bewohnern und Fremden, ohne Vorbehalte aufeinander zuzugehen. Der Erfahrungsreichtum, den die Menschen aus ihrer alten Heimat mitbringen, kann für die Gesellschaft eine kulturelle und wirtschaftliche Bereicherung sein. Damit sie davon profitieren kann, müssen Begegnungsräume geschaffen werden. Isolierte Ghettos fördern nur Vorurteile und verhindern die Integration. Ob im ländlichen oder im städtischen Siedlungsraum, es ist unsere Aufgabe, bestehende Räume so auszubilden, dass Neuankömmlinge sich integrieren und ihre Potenziale entfalten können. Zum Vorteil aller!

KAY WENDEL

VON DER
ARCHITEKTUR DER
ABSCHRECKUNG
ZUM WOHNEN
ALS GRUNDRECHT

Rückblick auf das Lagersystem

Zum Verständnis der aktuellen Situation ist ein Blick zurück erforderlich, auf die historische Entwicklung des Lagersystems. Das lässt sich anhand eines Beispiels aufzeigen, der ehemaligen Gemeinschaftsunterkunft Waldsieversdorf im Landkreis Märkisch-Oderland/Brandenburg. Das Lager befand sich in einem ehemaligen NVA-Militärkomplex 3,5 Kilometer südwestlich des Dorfes Waldsieversdorf, am Rande eines Waldgebiets.[1] In den 1990er Jahren wurden hier vorübergehend bis zu 300 Spätaussiedler/innen untergebracht, zwischen 2003 und der Schließung Ende 2006 150 Flüchtlinge. Als Gemeinschaftsunterkunft wurde ein viergeschossiges, ca. 85 Meter langes Gebäude genutzt, das in den 1970er Jahren in Fertigbauweise errichtet worden war. Auf jeder Etage durchzog ein Mittelgang die gesamte Länge des Bauwerks, rechts und links davon lagen in regelmäßigen Abständen die Zimmer sowie Gemeinschaftsküchen und -sanitäranlagen. In den 2000er Jahren war das Unterkunftsgebäude das einzige bewohnte Gebäude, die unmittelbare Umgebung bestand aus verfallenen Militärbauten.
Die nächste Bushaltestelle war zu Fuß in ca. 3,5 Kilometern zu erreichen, auf einem Weg, der teilweise durch Wald führte. Auf dem Gelände selbst funktionierten Handys nur schlecht. Von den 150 gemeldeten Flüchtlingen lebten 2005 18 Erwachsene und drei Kinder permanent in der Gemeinschaftsunterkunft, der Rest hielt sich in Berlin oder anderen Orten auf, unter Verstoß gegen die Residenzpflicht. Aber es war nicht die trostlose Architektur allein, die das Leben im Lager Waldsieversdorf unerträglich machte. „Das Schlimmste an der Situation ist die Isolation"[2], so ein Bewohner aus dem Irak. Die im Lager

untergebrachten Menschen hatten keinen Kontakt mit der einheimischen Bevölkerung und keine Möglichkeit, die deutsche Sprache zu erlernen. Als Flüchtlinge mit dem Status der Duldung unterlagen sie einem Arbeitsverbot und erhielten pro Monat knapp über 150 Euro Sozialleistungen in Form von Gutscheinen sowie etwa 40 Euro Bargeld. Wegen der räumlichen Aufenthaltsbeschränkung mussten sie für jede Fahrt nach Berlin in der 30 Kilometer entfernten Kreisstadt eine Verlassenserlaubnis beantragen. Der Lebensrhythmus war auf eine Abfolge von Schlafen, Essen und Warten reduziert. Erst in Kombination mit diesen rechtlichen Beschränkungen entfaltete die Kasernenarchitektur und die isolierte Lage eine psychisch äußerst belastende Wirkung. Viele der Bewohner/innen litten unter Depressionen: „Die Situation ist unerträglich und macht uns krank."

Vergrämung und Abschreckung

Diese Wirkung war vom Gesetzgeber intendiert oder zumindest in Kauf genommen, hatten sich wechselnde Bundesregierungen doch dem Kampf gegen „Asylmissbrauch" verschrieben, die angeblich ungerechtfertigte Inanspruchnahme des Asylrechts zum Zwecke einer irregulären Einwanderung. Anfang der 1980er Jahre wurde neben der Beschleunigung der Asylverfahren ein Paket „flankierender Maßnahmen"[3] beschlossen, das die Reduzierung der Lebensbedingungen für Flüchtlinge auf Substandard-Niveau zum Ziel hatte. Elemente waren die Regelunterbringung in Gemeinschaftsunterkünften nach § 53 Abs. 1 AsylVfG, die räumliche Aufenthaltsbeschränkung („Residenzpflicht"), das Arbeitsverbot und das Sachleistungsprinzip, das mit dem Asylbewerberleistungsgesetz von 1993 weiter verschärft wurde. Manche der für die Unterbringung verantwortlichen Behörden legten die legislative Intention kreativ aus, wie hier das Landratsamt des Kreises Oberspreewald-Lausitz in einem Brief aus dem Jahre 2007: „Zweck der gesetzlich vorgesehenen Form der Unterbringung in Gemeinschaftsunterkünften ist unter anderem der, den Asylbewerbern sowohl für ihre eigene Person als auch in Hinblick auf mögliche künftige Antragsteller vor Augen zu führen, dass mit dem Antrag auf Anerkennung als Asylberechtigter vor dessen unanfechtbarer Stattgabe kein Aufenthalt im Bundesgebiet zu erreichen ist."[4] Es handelte sich um ein Asylregime zur Vergrämung und Abschreckung Geflüchteter. In den 2000er Jahren wiegte sich die deutsche Asylpolitik in Sicherheit, dass die Abschottung der EU-Außengrenzen und die Dublin-Verordnung Flüchtlinge auf Dauer von Deutschland fernhalten würde. Das Asylregime der Vergrämung und Abschreckung erschien in der zweiten Hälfte der 2000er Jahre als zunehmend unzeitgemäß und wurde seitdem gelockert. Heute gelten die räumliche Aufenthaltsbeschränkung und das generelle Arbeitsverbot nur noch in den ersten drei Monaten des Aufenthalts, die Vorrangprüfung nach der Beschäftigungsverordnung gilt noch in den ersten 15 Monaten, das Sachleistungsprinzip ist seit März 2015 gefallen, eine Reihe von Bundesländern und Kommunen forciert schon seit Jahren die Unterbringung in Wohnungen gegenüber Gemeinschaftsunterkünften. Doch die Entwicklung der Unterbringungspolitik ist sehr uneinheitlich. Während in Rheinland-Pfalz Ende 2013 über 90,6 Prozent der Empfänger/innen von Leistungen nach dem AsylbLG in Wohnungen untergebracht waren, 83,6 Prozent in Niedersachsen und 71,6 Prozent in Bremen und Schleswig-Holstein, bringen Sachsen, Brandenburg und Baden-Württemberg rund zwei Drittel in Sammelunterkünften unter. (Wendel 2014: 72)

Unterbringungsnotstand

Seit dem Jahr 2012 klagen die Bundesländer und Kommunen über einen „Unterbringungsnotstand", der durch die steigende Zahl der unterzubringenden Flüchtlinge hervorgerufen sei. In der öffentlichen Diskussion wird jedoch zumeist nur die vom BAMF zur Verfügung gestellte Zahl der Asylerstanträge verwendet, die mit 19.164 Personen im Jahr 2007 einen historischen Tiefststand erreichte, um seitdem kontinuierlich zu steigen, im Jahr 2014 auf 173.072 Personen. (BAMF 2015: 4) Relevant für die Zahl der unterzubringenden Flüchtlinge (im generischen Sinne) ist jedoch nicht die Zahl der Erstanträge, sondern die Zahl der Flüchtlinge mit dem Status Aufenthaltsgestattung und Duldung. Denn Länder und Kommunen sind nur verpflichtet, Asylsuchende mit Aufenthaltsgestattung aufzunehmen und unterzubringen, während Flüchtlinge, denen ein Schutzstatus zuerkannt wurde, nicht mehr Objekte der Zuweisung sind, sondern sich den Ort und die Art der Wohnung frei wählen können. Für Geduldete kann die zuständige Sozialbehörde die Fortdauer der Zuweisung zu einer bestimmten Unterkunft und die Wohnsitzauflage anordnen. Flüchtlinge mit relativ ungesichertem Aufenthaltsstatus sind aufgrund dieser rechtlichen Bestimmungen Objekte der Verwaltung, aus deren Sicht sich die Unterbringungsproblematik konstituiert. (Wendel 2014: 9)

Der historische Tiefstand der Zahl der Flüchtlinge mit relativ unsicherem Aufenthalt lag Ende 2009 bei ca. 124.000 Personen, überschritt bis Ende 2012 mit ca. 151.000 Personen nicht den Wert des Jahres 2007, um bis Ende 2013 auf 204.943 Personen anzusteigen und bis Ende 2014 auf 291.248 Personen. (Hohlfeld 2015) Die Gesamtzahl der Flüchtlinge einschließlich derer mit relativ sicherem Aufenthalt lag Ende 2014 bei ca. 629.000 Personen.

Die Rede vom Unterbringungsnotstand ist dennoch irreführend, suggeriert sie doch eine Überforderung der Verwaltung allein durch externe Faktoren wie dem Anstieg der Asylzugangszahlen. Unterschlagen wird hierbei, dass in der zweiten Hälfte der 2000er Jahre konzeptlos Unterbringungskapazitäten abgebaut wurden, in vielen Bundesländern Unterbringungsplätze in Wohnungen sogar noch schneller als solche in Gemeinschaftsunterkünften. Viele Bundesländer versäumten es, die Zeit niedriger Zugangszahlen für die Entwicklung neuer Unterbringungskonzepte zu nutzen, mit denen Flüchtlinge vorrangig in Wohnungen untergebracht werden können. Stattdessen wurden in den Bundesländern, die überwiegend auf Gemeinschaftsunterkünfte setzen, Flüchtlinge nicht in Wohnungen weitergeleitet, sondern die vorhandenen Gemeinschaftsunterkünfte nach Möglichkeit belegt, um Leerstand zu vermeiden." [5]

Renaissance der Massenunterkünfte

Auch wenn die Unterbringung von Flüchtlingen in Wohnungen seit 2012 überall erweitert wurde, wurde in vielen Bundesländern die Zahl der Plätze in Gemeinschaftsunterkünften noch schneller gesteigert. Gerechtfertigt durch den teilweise selbst geschaffenen Unterbringungsnotstand reagieren viele Kommunen mit der Einrichtung von Notunterkünften, in denen die – sofern auf Landesebene vorhandenen – Mindeststandards unterschritten werden. Bilder, die an Katastrophen erinnern, werden produziert: überfüllte Sporthallen, Heißlufthallen, Containersiedlungen, Wohnschiffe. Immer wieder taucht das Argument auf, die Schaffung von Massenunterkünften sei alternativlos, denn es gelte, für eine große Anzahl von Menschen in kurzer Zeit Kapazitäten bereitzustellen. „Größen von 500 bis zu 670 Plätzen sind hier keine Seltenheit, mitunter an abgelegenen Standorten ohne Zugang zur sozialen Infrastruktur." [6] Es droht eine Rückkehr zu den 1990er Jahren, zu Unterkünften wie jener anfangs geschilderten bei Waldsieversdorf.

Gegenüber der Frage der Kapazität spielen bei diesen Projekten Fragen der Qualität des Wohnens nur noch eine untergeordnete Rolle. Es werden Fakten geschaffen, die Sammellager auf Jahre hinweg festschreiben, denn keine Unterbringungsform ist so unflexibel wie Massenunterkünfte. Die jahrelange Kritik an dieser Form der Unterbringung wird ignoriert, dieses Mal nicht mehr mit dem Argument der Abschreckung, sondern dem der Alternativlosigkeit. Der Effekt ist derselbe: unerträgliche, krank machende Lebensbedingungen, und das trotz der gelockerten rechtlichen Beschränkungen. Die Überbelegung und der gestiegene Anteil Traumatisierter verwandeln die Lager in Druckkessel. Die existierenden Kataloge der Mindeststandards haben hier wenig Einfluss.

Essentials einer menschenwürdigen Unterbringung
Neun Bundesländer verfügen über Mindeststandards der Unterbringung, aber in nur vier Bundesländern gelten diese verbindlich. Dabei hätten Mindeststandards kein geringeres Ziel, als eine menschenwürdige Unterbringung zu konkretisieren, indem sie Missstände, „worst-practice"-Beispiele wie Waldsieversdorf und andere abgelegene Massenunterkünfte verhindern. Die existierenden Mindeststandards kommen diesem Anspruch durchweg nicht nach.
- Unterbringung wird meist auf die Unterbringung in Gemeinschaftsunterkünften verkürzt,
- Mindeststandards werden mit Selbstverständlichkeiten wie bau-, gesundheits-, brand- und unfallschutzrechtlichen Vorschriften vermengt,
- in manchen Ländern sind ordnungspolitische Interessen beigemengt, etwa eine Vorhaltepflicht für Gemeinschaftsunterkünfte oder eine zwingende Mindestverweildauer in diesen von, bis zu 48 Monaten.

Aus der Debatte um Mindeststandards, die die Erfahrungen von Wohlfahrtsorganisationen und Flüchtlingsräten sowie die Forderungen von selbstorganisierten Protesten Geflüchteter aufgreift, lassen sich eine Reihe von Essentials der Unterbringung destillieren, die für eine menschenwürdige Unterbringung wesentlich angemessener als die existierenden Mindeststandards sind. (Flüchtlingsrat Brandenburg 2015)

1. Vorrang der Wohnungsunterbringung

Dieses Prinzip basiert auf dem Verständnis von Wohnen als einem Grundrecht, von dem keine Bevölkerungsgruppe ausgeschlossen sein sollte. Die Unterbringung in Wohnungen ist integrationspolitisch geboten. Der Schutz der Privatsphäre kann nur in einer Wohnung oder einer wohnungsähnlichen Unterbringung mit abgeschlossenen Wohneinheiten gewährleistet werden. Während in Zwangseinrichtungen wie Sammelunterkünften ein selbstbestimmtes Leben nicht möglich ist, stärkt das Leben in der eigenen Wohnung die Selbstständigkeit und Eigenverantwortlichkeit. (Landesregierung Brandenburg 2013)

2\. Standort mit Zugang zur sozialen Infrastruktur
Die Lage der Unterkunft, ob Wohnung oder Sammelunterkunft, und ihre Erreichbarkeit sind entscheidend für die Chance auf Teilhabe am gesellschaftlichen Leben, für den Zugang zu Beratungsstellen, Gesundheitsversorgung, Bildungseinrichtungen, Einkaufsmöglichkeiten und den Kontakt zu Einheimischen. (Cremer 2014)

3\. Keine Massenunterkünfte
Massenunterkünfte enthalten ein erhebliches Konfliktpotenzial und führen zur Stigmatisierung der Bewohner/innen. Flüchtlingsunterkünfte sollten daher eine Belegungskapazität von 50 Personen nicht überschreiten. (Diakonie 2014)

4\. Abgeschlossene Wohneinheiten
Gemeinschaftsunterkünfte sollten über abgeschlossene Wohneinheiten verfügen. Der Schutz der Privatsphäre ist bei einer Belegung desselben Raums mit mehreren Personen, die diese Wohnform nicht freiwillig gewählt haben, nicht möglich, auch wenn die Mindestwohnfläche pro Person festgelegt ist.

5\. Soziale Beratung und Betreuung
Geregelt über die Kostenerstattung bestimmen die Länder einen Beratungsschlüssel von 1:97 bis 1:120. Eine qualifizierte Beratung und Unterstützung von Flüchtlingen ist mit so wenig Personal meist nicht möglich, zumal Sozialarbeiter/innen oft noch zusätzlich für Verwaltungs- und Kontrollaufgaben herangezogen werden. Erforderlich wäre eine Soziale Arbeit, die Integrationsprozesse unterstützt und das Gemeinwesen vermittelnd einbezieht, auch im Sinne der Konfliktvermeidung. In den meisten Kommunen fehlen Konzepte zur sozialen Begleitung dezentral untergebrachter Flüchtlinge.

Wohnungsleerstand und Neubau

Der sogenannte Unterbringungsnotstand zeigt sich überwiegend in Ballungsräumen mit einer geringen Quote an Wohnungsleerstand. In anderen Regionen ist die Situation völlig unterschiedlich. In den „shrinking cities" und anderen Regionen stehen viele Wohngebäude leer. Als Beispiel sei hier die Situation in Brandenburg zitiert:

„Im Land Brandenburg stehen nach Schätzungen des BBU (Verband Berlin-Brandenburgischer Wohnungsunternehmen) derzeit insgesamt rund 70.000 Wohnungen leer. (...) Landesweit stagniert der Leerstand bei den BBU-Mitgliedsunternehmen bei 8,3 Prozent. Während er im Berliner Umland leicht auf 2,7 Prozent gesunken ist (2012: 2,8%), wurde für den weiteren Metropolenraum ein leichter Anstieg auf 10,6 Prozent (2012: 10,5%) ermittelt. Damit stehen in dieser Region bei den BBU-Mitgliedsunternehmen nach wie vor über 26.000 Wohnungen dauerhaft leer. Am höchsten war der Leerstand in den Landkreisen Spree-Neiße (18,2%) und Prignitz (17,3%), am niedrigsten im Landkreis Potsdam-Mittelmark (3,0%) und in der Landeshauptstadt Potsdam (2,5%)." (BBU 2014: 6)

Der hohe Wohnungsleerstand in manchen Regionen dürfte die Bedingung dafür sein, dass es in Ländern wie Mecklenburg-Vorpommern und Sachsen-Anhalt gelang, im Jahr 2012 wesentlich mehr neue Plätze in Wohnungen als in Sammelunterkünften zu schaffen. In Mecklenburg-Vorpommern wurde die Zahl der Plätze in Wohnungen im Jahr 2012 um 125,3 Prozent erhöht, die Zahl der Plätze in Sammelunterkünften aber nur um 15,2 Prozent. Die entsprechenden Zahlen für Sachsen-Anhalt: 51,5 Prozent Steigerung der Wohnungsplätze gegenüber 8,2 Prozent Steigerung der Plätze in Sammelunterkünften.[7]

In Regionen mit einem angespannten Wohnungsmarkt wie den Großstädten stößt die Suche nach preisgünstigem Wohnraum für Geflüchtete schnell an Grenzen. Hier sind neue Konzepte gefragt, die den Neubau von kleineren Unterkünften und Sozialwohnungen sowie die Umnutzung vorhandener Gebäude umfassen. Bei der Entwicklung kommunaler Unterbringungskonzepte ist zu beachten, dass nicht die Schaffung bloßer Kapazitäten im Vordergrund stehen sollte, sondern die Konzepte auf soziale und menschenrechtliche Leitlinien ausgerichtet sein sollten, wie sie in den Essentials der Unterbringung ausgedrückt sind.

Ein viel beachtetes Modell hat die Stadt Münster schon im Jahr 2000 entwickelt. (Köhnke 2014) Kernelemente der Konzeption sind die Abkehr von Massenunterkünften und die Errichtung neuer Einrichtungen mit einer Belegungskapazität von bis zu 50 Plätzen und Wohneinheiten für jeweils ca. acht Personen mit eigener Wohnküche, eigenem Bad mit WC und einem zusätzlichen WC. Vermieden werden Sondereinrichtungen für Flüchtlinge, die an Baukörper und Umfeld erkennbar wären. Stattdessen sollen die neu errichteten Einheiten an bestehende

Wohnbebauung angebunden werden, die für den Fall, dass die Einrichtungen für Flüchtlinge nicht mehr benötigt werden, in den allgemeinen sozialen Wohnungsmarkt gegeben werden können. Ein positives Zeichen ist, dass die Politik beginnt, die Idee einer Neujustierung des Sozialen Wohnungsbaus für Flüchtlinge und andere Bevölkerungsgruppen zu diskutieren.[8]

Kreative Entwürfe für die Unterbringung Geflüchteter
Im Rahmen eines sozial ausgerichteten kommunalen Unterbringungskonzepts können die Entwürfe der Hannoveraner Projektgruppe eine Rolle spielen. Dass der Entwurf von Unterkünften für Flüchtlinge als Bauaufgabe begriffen wird, drückt schon eine Wertschätzung aus, die die bisherige Unterbringungspolitik weitgehend vermissen ließ. Ob die einzelnen Entwürfe in allen Aspekten den Anforderungen einer menschenrechtlich ausgerichteten Unterbringungskonzeption entsprechen und ob sie umsetzbar sind, mag dahingestellt sein. Als Denkmodelle können sie den Horizont des Möglichen erweitern und die Mär der Alternativlosigkeit von Massenunterkünften infrage stellen. Mit Architektur allein lässt sich die Krise der Unterbringungspolitik nicht lösen, aber Architektur kann, eingebettet in eine Gesamtkonzeption, bisher unbeachtete Möglichkeiten aufzeigen.

STEFAN FELDSCHNIEDERS

IMPRESSIONEN
AUS DER PRAXIS

Im Sommer 2013 werde ich durch einen öffentlichen Auftraggeber mit der Anfrage konfrontiert, Flüchtlingsunterkünfte für das Bundesland Bremen zu realisieren, da unser Büro im Verlauf der letzten 15 Jahre zuverlässig Aufgabenstellungen für öffentliche Auftraggeber in unterschiedlichsten Anforderungsbereichen vergaberechtskonform durchgeführt hat. Trotz der besonderen Eile und hohen Dringlichkeit der Aufgabenstellung ist der öffentliche Auftraggeber dazu gezwungen, die Grundregeln der öffentlichen Auftragsabwicklung einzuhalten.

Zu einer „rechnungshofkonformen Abwicklung" gehört nicht nur eine VOB-gerechte öffentliche Vergabe, sondern eine insgesamt transparente Planungsbearbeitung mit regelmäßigen Prüfschritten der beteiligten öffentlichen Kontrollgremien. Dies führt dazu, dass bei der Realisierung der ersten Wohnanlage im Vorlauf fünf Monate Vorbereitungszeit vergehen, bevor ein Auftrag zur Realisierung der Anlage vergeben werden kann. Die eigentliche Realisierung erfolgt dann in etwa vier Monaten.

Rahmenbedingungen und Einflussfaktoren
Baurecht

Eine Unterkunft für Flüchtlinge wird als Sonderbau klassifiziert. Diese Festlegung resultiert aus der Definition des fremdbestimmten Wohnens. Ein Flüchtling, der zu uns gelangt, hat durch seine besondere Situation zunächst keine Möglichkeit, eigenständig eine Wohnung zu mieten (selbstbestimmtes Wohnen). Das Baurecht unterscheidet in dieser Kategorie genau zwischen reinem Wohnungsbau und dem sogenannten Sonderbau, der rechtlich als Wohnheim benannt wird.

Dies hat zur Folge, das bei der Genehmigung einer Flüchtlingswohnanlage die jeweilige Genehmigungsbehörde, unter Beteiligung der Feuerwehr und anderer Fachabteilungen, individuelle Auflagen an die Genehmigung dieser Wohnanlage knüpfen kann, die deutlich vom Standard des reinen Wohnungsbaus abweichen. So werden eigenständige Anforderungen für den Brandschutz, die Betreuungseinrichtungen, die Bewertung der energetischen Standards und der die Nachweise für den ruhenden Verkehr getroffen.
Insbesondere die Bewertung der energetischen Standards hat Einfluss auf die Möglichkeiten der vereinfachten schnellen Umsetzung von Wohnraum. Die gültige EnEV 2014 ermöglicht Ausnahmen, die von der Standzeit der Anlage abhängig sind. Maßnahmen, die nicht länger als zwei Jahre benötigt werden, können von den Anforderungen der EnEV befreit werden. Ist eine längere Nutzungszeit gewünscht, so können Ausnahmen bis zu fünf Jahren baurechtlich und planungsrechtlich legitimiert werden. Energetisch sind dann die Anforderungen der gegenwärtigen Rechtslage zu erfüllen. Ausnahmen von der EnEV sind, auf Antrag, für Anlagen mit einer Standzeit bis zu 60 Monaten möglich. Ausnahmen vom Gesetz zur Berücksichtigung erneuerbarer Energien sind lediglich bis zu einer Laufzeit von 24 Monaten gesetzlich geregelt.
In der Regel werden bei Ausnahmeregelungen die Mindeststandards der Bauteilanforderungen verlangt, der gesamte Nachweis wird jedoch erlassen.

Planungsrecht
Für die Unterbringung von ca. 80 bis 120 Personen in einer Wohnanlage wird ein Grundstück mit einer Größe von ungefähr 4000 Quadratmetern benötigt. Die Verfügbarkeit einer solchen Fläche ist im städtebaulichen Kontext in der Regel sehr begrenzt. Dadurch ist die Kommune darauf angewiesen, geeignete Flächen aus den „Problemzonen" der Stadt zu generieren.
Es können jedoch planungsrechtliche Sonderregelungen ausgeschöpft werden, um auf (planungsrechtlich) nicht geeigneten Flächen die Ansiedlung einer Sonderwohnanlage zu ermöglichen. Die Möglichkeit der Ausnahmeregelung schafft einen schnellen Zugriff auf städtische Flächen. Der schnelle Zugriff ist unabdingbar, die unreflektierte Auswahl von Grundstücken ist jedoch die Folge.

Vergaberecht

Das Vergaberecht in Deutschland ist ein komplexes Instrument, mit dem öffentliche Auftraggeber ihre Bauaufträge vorbereiten, durchführen und begleiten. Es liegt in der Natur der deutschen Rechtsprechung, dass kleine Sachverhalte besonders gründlich und ausführlich reguliert sind. Dies alles führt nicht dazu, dass schnell auf besondere Anforderungen und Defizite reagiert werden kann.

Die einleitend genannten Kompetenzen unseres Büros resultieren aus einer etwa 15-jährigen Erfahrung im Bereich des öffentlichen Bauens. Dabei liegt die Bearbeitungszeit eines Projektes bei drei bis fünf Jahren. Wird die Umsetzung einer dringlichen Baumaßnahme nun an diese Regularien geknüpft, so gilt es etliche Hürden zu überwinden.

Genauso, wie es im energetischen Bereich Sonderregelungen gibt, so sind im Vergaberecht Ausnahmen enthalten, die das Verfahren beschleunigen und vereinfachen. Die Abweichungen von der Regel müssen jedoch begründet und von den politischen Entscheidungsträgern freigegeben werden.

Die Ausübung des Vergaberechts ist in Deutschland anerkannt und weit verbreitet. Die Interpretation und Umsetzung erfolgt regional unterschiedlich akzentuiert. Das Gesetz wird in den ausgetretenen Pfaden der breiten Mitte genutzt, der Mut und das Wissen, um Ausnahmeregelungen in Anspruch zu nehmen, sind selten vorhanden; ein Abweichen vom vorgegebenen Weg wird darüber hinaus politisch nicht mitgetragen. So ergeben sich aus der Anwendung des Vergaberechts bei der Umsetzung von Flüchtlingswohnanlagen zeitliche Probleme.

Ich sehe hier den politischen Handlungsbedarf, dass, ähnlich wie beim Investitionshilfeprogramm, Sonderregelungen verabschiedet werden, die das Vergaberecht in dieser Nische mit neuen Handlungsoptionen ausstatten.

Bauherrenaufgaben

Die Verantwortlichkeit für die Umsetzung von Flüchtlingsunterkünften ist nicht einheitlich geregelt. Dies beginnt bereits bei der Weiterleitung der Verantwortung vom Bund an die Länder. Innerhalb unseres föderalen Systems werden dann die Zuteilungen weiter auf Regierungsbezirke, Landkreise und Einzelkommunen verteilt. Die finanzielle Verantwortung wird nicht in die letzte Instanz übertragen. Die Zuteilung der Personen erfolgt nach dem Königsberger Schlüssel; ich möchte hier nicht weiter auf Details eingehen. Die Zuteilung erfolgt angesichts der sprunghaft angestiegenen

Zahlen direkt und ohne große Vorwarnzeit. Gerade in den ländlichen Bereichen trifft eine Zuteilung durch den Landkreis, die zwei bis vier Wochen vor Ankunft der Personen eintrifft, eine Gemeinde hart.

Die größeren und mittleren Städte Deutschlands besitzen in ihren Ämtern ausreichende Fachkompetenz zur Umsetzung der Anforderungen. Dazu müssen Fachkräfte jedoch von ihren Aufgaben entbunden und für diese Sonderaufgabe freigestellt werden. Dies gelingt nur sehr bedingt. Insbesondere da, wo die Bearbeitung von städtebaulichen Aufgabenstellungen Jahre benötigt, ist die unmittelbare Freistellung von Personal für neue Aufgaben nicht möglich.

Ich empfehle hier dringend die Einschaltung von freien Projektsteuerungsunternehmen. Das neue Aufgabenfeld erfordert direkten Personaleinsatz. Die Zeit zum Aufbau behördeninterner Strukturen ist nicht vorhanden.

Allein die Dichte der notwendigen Entscheidungen überfordert den öffentlichen Auftraggeber. Wenn sich die handelnden Personen im Dickicht der Einzelanforderungen im Tagesgeschäft verfangen, fehlt die notwendige Ruhe und Distanz für die wichtigen Grundsatzentscheidungen.

Kosten, Qualitäten

Die Bewertung der Kosten ist ein herausragendes Thema. Ich habe mir vorgenommen, auf diesen Teilbereich einzugehen, da ich es für notwendig halte, Transparenz in diesen entscheidenden Bereich zu bringen.

Bei der Bewertung der Kosten fehlt es an einer ganzheitlichen Betrachtung der notwendigen Finanzmittel, die gesellschaftlich bis zu dem Zeitpunkt eingebracht werden, an dem eine Person entweder integriert ist und eigenständig zum Bruttosozialprodukt unserer Gesellschaft beiträgt oder das Land wieder verlässt.

Die reine Bewertung der Baukosten zur Unterbringung der Flüchtlinge ist dabei sicherlich der geringere Anteil. Sollte die Art und die Form der Unterbringung den oben genannten Prozess beschleunigen, so würde eine darauf abzielende Planung die Kosten reduzieren. Gute Einrichtungen, die in einer Kleinstwohnung dem Neuankömmling ein privates Bad und eine eigene Küche zur Verfügung stellen, erzeugen Kosten von circa 25.000 bis 30.000 Euro (brutto) je Wohnheimplatz. In diesen Kosten sind alle Aufwendungen für die Erschließung eines geeigneten Grundstücks bis zur Planung einschließlich aller Gebühren enthalten.

Diese Kosten wurden bei der Realisierung der ersten Anlagen nach dem sogenannten Bremer Modell erzielt. Es ist wichtig, dabei die Gesamtkonzeption des Bremer Modells zu beleuchten. Die erstellten Wohnanlagen dienen als Übergangswohneinrichtung. Die Flüchtlinge werden hier durchschnittlich für einen Zeitraum von zwei bis vier Monaten untergebracht. Dann erfolgt die Vermittlung einer eigenen Wohnung. Der Schwerpunkt während dieser ersten Aufenthaltszeit liegt deutlich auf der Integration der Neuankömmlinge. Die sozialen Einrichtungen innerhalb der Wohnanlage liefern Sprachförderung und stützen jegliche Art von notwendiger behördlicher Anmeldung. Die Integration der häufig traumatisierten Personen gelingt ungleich schneller, soweit ein Mindestmaß an Privatheit und Ruhe erzeugt werden kann.

Dies wird durch die Konzeption der Bremer Anlagen deutlich gefördert. Die Wohnanlagen sind zeitlich befristet beantragt worden. Der Genehmigungszeitraum beträgt zunächst fünf Jahre. Alle Anlagen sind im Besitz der Freien Hansestadt Bremen und können somit einer Nachnutzung zugeführt werden. Es ist ebenfalls denkbar, die Wohnanlage zu verkaufen. Sollte die garantierte Mindesthaltbarkeit von zehn Jahren noch nicht erreicht sein, so lohnt sich ein Neuaufbau an anderer Position. Die Kosten für die Demontage und den Wiederaufbau liegen bei etwa 30 Prozent der Grundinvestitionen (ca. 350 EUR/m² BGF).

Es ist durchaus möglich, Anlagen in dieser Form nicht dauerhaft zu erwerben, sondern zu mieten. Die Zeitspanne, ab der eine Miete unwirtschaftlich wird, liegt bei einer Nutzungsdauer von drei Jahren.

Das Angebot im Bereich der Mietobjekte ist nicht auf den individuellen Markt ausgerichtet. Mit einer willkürlichen Ansammlung von Räumen und Sanitärcontainern werden aus energetisch fragwürdigen Konstruktionen Raumgebilde geschaffen, die sich selten städtebaulich in die Umgebung einfügen und über keinen geeigneten Außenraum verfügen. Diese Anlagen werden nicht selten neu angefertigt. Der Preisunterschied zu einer individuellen hochwertigen Anlage mit energetischer Anpassung an den Gesetzesstand beträgt ungefähr ein Drittel der Investition.

Der Einsatz solcher Anlagen ist zur Beseitigung der Engpässe unabdingbar. Mit der Installation einer Mietanlage müsste sofort der reguläre Planungsvorlauf für den Ersatz dieser Anlage nach zwei Jahren ausgelöst werden. An dieser Weitsicht fehlt es jedoch. Anlagen, die sich selbst überlassen und zu

lange genutzt werden, erzeugen auf lange Sicht schmerzhafte Mehrkosten. Die geringeren bauphysikalischen Standards erschweren die Regulierung des Raumklimas und die Wohnhygiene. Schimmelbefall setzt einzelne Bereiche dieser Anlagen schnell außer Betrieb.
Wie bei jeder Investition stellt sich also die Frage nach der Wirtschaftlichkeit. Diese ist nicht durch die Annahme des zunächst günstigsten Angebots gegeben.

Außenraumbezug, Genius Loci

Der Erfolg der realisierten Übergangswohneinrichtungen in Bremen ist entscheidend von der städtebaulichen Konzeption der Wohnanlage geprägt. Die Grundsatzentscheidung, eine klare Trennung zwischen privater Wohnung und dem öffentlichen Bereich zu planen, trägt in der Praxis Früchte. Es gibt keine konzeptionellen Problemzonen. Die Laubengänge der Hofhäuser sind öffentlich einsehbar, bieten hervorragende Fluchtwege und privaten Außenraumbezug. Sie sind hell, witterungsgeschützt, dienen im Sommer der Verschattung und eignen sich als Begegnungs- und Kommunikationszone. Der Innenhof des Hauses ist ein privater Außenraum. Hier entsteht Nachbarschaft; Privatheit kann im Außenraum gelebt werden. Rund 30 Bewohner teilen sich ein Hofhaus. Die einzelnen Häuser einer Wohnanlage formen einen inneren, bewusst introvertierten Platz. Damit wird ein eigenständiger Ort im Außenraum etabliert, der in seinen Übergängen und seiner Differenzierung Schutz vor der neuen Umgebung bietet. Dieser Schutz ist wichtiger als eine starke Verflechtung mit dem Kontext. Die Rückmeldungen und Erfahrungen aus der einjährigen Nutzung der bestehenden Anlagen stützen diese These.

Fazit

Der Flüchtlingsstrom erzeugt deutliche Veränderungen und erhebliche finanzielle Belastungen der öffentlichen Haushalte. Es ist an der Zeit, die notwendigen Veränderungen als Chance zu begreifen. Die gegenwärtigen wirtschaftlichen Rahmenbedingungen fördern seit geraumer Zeit rege Investitionen in Immobilien. Dieser Trend sollte als Chance im Sinne der neuen Aufgaben genutzt werden.
Es ist an der Zeit, einen nachhaltigen Beitrag im Bereich des Wohnungsbaus zu liefern, der sich spezifisch auf kleine Wohneinheiten im unteren Preissegment bezieht. Nie waren die Möglichkeiten so groß wie jetzt.

AMELIE DEUFLHARD

100 PROZENT NUTZUNG –
100 PROZENT KUNST
DIE „ECOFAVELA" AUF
KAMPNAGEL: AKTIONS-
RAUM UND TREFFPUNKT
FÜR FLÜCHTLINGE

„**D**as Boot ist voll", tönt es wieder im Volksmund und keineswegs nur aus der rechten Ecke, wenn von der Aufnahme von Flüchtlingen die Rede ist. „Wer soll das bezahlen …? Wir würden ja gerne, aber …!" „Das Boot ist voll" klingt inzwischen ungewollt zynisch, in einer Zeit, in der im Mittelmeer im Wochenrhythmus Hunderte von Flüchtlingen in überfüllten Booten oder Schlauchbooten ertrinken. Der Satz müsste eigentlich jedem denkenden und fühlenden Menschen im Hals stecken bleiben. Die Zahl der Flüchtlinge in Europa und in Deutschland steigt, politisch wird diskutiert, wie man das verhindern kann. Der Ausbau der „Festung Europa", sprich die bessere Sicherung der europäischen Grenzen ist eine Möglichkeit, die neueste Idee sind militärische Einsätze gegen die Schlepperboote. Die Vorschläge scheinen hilflos und gehen nicht an die Wurzel des Problems: die wachsende wirtschaftliche Kluft zwischen Nord- und Südhalbkugel, aber auch innerhalb Europas.

Auch in Bezug auf den steigenden Unterbringungsbedarf der Flüchtlinge hat man das Gefühl, es wird weniger vorausgedacht als hinterhergerannt. Die Zahl von Flüchtlingen ohne legalen Aufenthaltsstatus (Non-citizens) in unseren Städten steigt und wird weiter steigen. Sie leben auf der Straße, werden privat untergebracht, bekommen Hilfe von unterschiedlichen Organisationen. Der Staat hält sich weitestgehend heraus, allerdings gibt es von Seiten der Politik Befürchtungen, dass bei wachsendem Zustrom von Flüchtlingen auch in Deutschland informelle Siedlungen entstehen könnten. Das Kunstprojekt „ecoFavela" von Baltic Raw auf Kampnagel soll einen Diskurs über Flüchtlingsunterbringung produzieren im Sinne einer sozialen Plastik, in der das Zusammenleben gedacht und entwickelt wird. Die „ecoFavela" soll im Beuys'schen Sinn ein Ort „maximaler Toleranz", ein Ort für den Prozess der „permanenten Konferenz" sein.

Genese des Projekts

Das Künstlerkollektiv Baltic Raw, spezialisiert auf interventionistische architektonische Eingriffe in den öffentlichen Raum und Formen der „Inlandnahme", baut das Kanalspielhaus Flora (angelehnt an die Rote Flora) als Festivalzentrum für das Internationale Sommerfestival im August 2014. 2013 hatten Baltic Raw bereits die Kanalphilharmonie im Stil der Elbphilharmonie in den Kampnagel-Avantgarden des Sommerfestivals gestellt. Die Idee dieser temporären Installationen ist es, jedes Jahr einen stadtpolitischen Diskurs aufzugreifen und das Verhältnis der Stadt zu ihren Gebäuden, Künstlern und Bewohnern zu hinterfragen. Das Kanalspielhaus Flora dient als Ort für Diskurs, Konzerte, Performances und Partys und ist eine zweifache Intervention auf dem Kampnagel-Gelände: Einerseits wird ein Gebäude der Innenstadt auf das Gelände versetzt, gleichzeitig wird der Hamburger Szene und dem Underground ein eigener Spielraum im Rahmen des internationalen Sommerfestivals bereitgestellt.
Die Künstlergruppe Baltic Raw nimmt seit Jahren erfolgreich temporäre Eingriffe im öffentlichen Raum an der Schnittstelle von Architektur, Bildender Kunst und Theater vor. Dabei arbeitet sie ortsspezifisch mit Mitteln seriellen Bauens und modularer Architektur. Die Räume, die nach der Fertigstellung stets besiedelt werden, dienen der Auslotung und Entwicklung von Handlungsräumen und künstlerischen Aktionen.

Anfang Juni 2014

Aktivisten aus dem Umfeld der Gruppe Lampedusa in Hamburg fragen mich, ob ich bereit wäre, in einer meiner Hallen im Winter ein Bettenlager für ca. 40 Flüchtlinge bereitzustellen. Bei Lampedusa in Hamburg handelt sich es um eine Gruppe von meist afrikanischen Flüchtlingen, die nach dem Sturz Gaddafis aus Libyen vertrieben wurden und über Lampedusa in Hamburg landeten, verschickt von der italienischen Regierung gegen EU-Recht. Das Besondere an dieser Gruppe ist, dass sie sich von Anfang an politisch organisierte und Forderungen an den Senat Hamburgs stellte. Ich entscheide mich gegen das Bettenlager – mit der Begründung, dass ich es zwei Jahre nach der Ankunft der Gruppe für nicht angemessen halte, weiterhin über provisorische, unzumutbare und zeitlich stark begrenzte Großraumunterkünfte nachzudenken. Mein Vorschlag: ein Gebäude mit Strahlkraft für eine kleine Gruppe zu bauen, eventuell einen Prototypen, der zur Nachahmung empfohlen werden könne. In jedem Fall ein Gebäude, das ein positives Signal setzt und in dem eine andere Art des Zusammenlebens erprobt werden kann.

Mitte Juni 2014
Die Künstlergruppe Baltic Raw schlägt mir vor, das sich noch im Bau befindliche Festspielhaus Flora nach dem Sommerfestival temporär und transformiert als Unterkunft und Aktionsraum für Geflüchtete der Lampedusa-Gruppe weiterzunutzen. Vorteil dieses Vorschlags ist, dass der Rohbau schon vorhanden ist und nur noch für den Winter ausgebaut werden muss. Außerdem gibt es bereits eine lange vertrauensvolle Zusammenarbeit mit Baltic Raw. Es wird beschlossen, die Finanzierung über eine Crowdfunding-Kampagne zu versuchen. Damit ist die Beteiligung der Zivilgesellschaft von Anfang an in das Konzept eingeschrieben. Mit ihren eingeübten künstlerischen Strategien ist Baltic Raw der perfekte Partner für die Entwicklung des Projektes.

Juli 2014
Start der Crowdfunding-Kampagne:
„Das KANALSPIELHAUS ‚Flora' ist ein 100 qm großes, jedoch noch nicht wintertaugliches Gebäude, das auf Kampnagel als fliegender Bau angelegt ist. Wir würden gern aus diesem fliegenden Bau für die nachfolgende Winterzeit den Prototyp eines von der öffentlichen Infrastruktur unabhängigen ökologischen Hauses bauen. Die Pläne und Technologie dieses Prototyps werden veröffentlicht, um einen Nachbau zu ermöglichen. Wir möchten aber auch gleichzeitig zeigen, dass ökologisches Bauen kein Luxus sein muss. Angefangen bei den 50 cm dick gedämmten Wänden bis hin zur effektiven Nutzung von Regenwasser, von Kompost-Toiletten bis zur Stromherstellung: alles Do it yourself (DIY). ‚Think local, act global!', ist dabei unser Anliegen." (Kampagnentext von Baltic Raw)

Im weiteren Text werden die Ziele des Projekts beschrieben: sie sind humanitär (Winterquartier), sozial (Vernetzung der Flüchtlinge), politisch (Ablehnung der aktuellen Flüchtlingspolitik) und künstlerisch (Schaffung einer sozialen Skulptur). Die „ecoFavela" soll ein prozessualer Aktions-, Diskurs- und Wohnraum werden, eine soziale Skulptur, ein Ort, der gleichzeitig öffentlich und privat ist. Ein sozialer Raum, der

Verbindungen zu Kampnagel-MitarbeiterInnen und -KünstlerInnen, Nachbarschaften, dem Kampnagel-Publikum und den Bürgern der Stadt schafft. Es geht nicht um Top-down-Hilfe, sondern um einen Austausch auf Augenhöhe. Die „ecoFavela" soll ein Ort werden, an dem es keine Zuschauer, sondern nur Partizipierende gibt. Ein Projekt, das politisch interveniert und einen anderen Umgang mit den Flüchtlingen in unserem Land fordert. Die Crowfunding-Kampagne erzielt 11.065 Euro.

August 2014
Eröffnung des Kanalspielhauses Flora zur Eröffnung des Internationalen Sommerfestivals. Es folgt eine dreiwöchige Bespielung mit unterschiedlichsten Formaten. Unmittelbar nach dem Festival startet der Ausbau zur „ecoFavela".

Dezember 2014
Eröffnung der „ecoFavela" mit einem Fest, unterschiedlichen künstlerischen Beiträgen und Einzug der neuen Bewohner.

30. April 2015
Vorläufiges Ende des Projekts

Genehmigungsverfahren
Der Antrag für die „ecoFavela" wurde gestellt wie alle Anträge für Kunstprojekte, in denen andere Raumnutzungen als üblich vorgenommen werden. Antragsempfänger war das Bezirksamt Hamburg-Nord. Beantragt wurde ein Aktions- und Diskursraum für Flüchtlinge, der über einen Zeitraum von sechs Monaten täglich 24 Stunden ‚bespielt' werden sollte und somit implizit auch für eine kleine Gruppe von Flüchtlingen als Wohn- und Schlafraum genutzt werden konnte. Der Antrag wurde ohne jede Verzögerung sehr rasch bewilligt, dem Aufsichtsrat von Kampnagel wurde das Projekt frühzeitig vorgestellt. Zwischenzeitlich gab es mehrfach Nachfragen von Politikern, die eher der Information dienten und keinen repressiven Charakter hatten.

Prozess des Bauens
Der Bau wurde von Baltic Raw geplant und in Eigenarbeit bzw. über künstlerische Netzwerke hergestellt. Für den Innenausbau kamen unterstützend zwei Professoren mit ihren Studenten dazu: Bernd Kniess von der Hafen City Universität und Jesko Fezer von der Hochschule für Bildende Künste. Dem

Ausbau vorgeschaltet war ein Prozess der Befragung der künftigen Bewohner. Sie wünschten sich alle prioritär einen privaten Raum, sodass von den Studenten unter der Leitung von Baltic Raw fünf kleine, multifunktionale Zimmer in das Gebäude eingebaut wurden. Dabei wurden intelligente Lösungen gefunden wie klappbare Betten, aus denen durch Hochklappen ein Tisch wurde. Im Zentrum des Gebäudes blieb ein großer, halböffentlicher Raum. Zudem wurden eine kleine Küche und ein Badezimmer eingebaut.

Erfahrungen während des Projektes

Das Gebäude funktionierte relativ autonom von Kampnagel und stellt einen Prototypen für die alternative Unterbringung von Flüchtlingen dar, die auf dem Kampnagel-Gelände künstlerisch erprobt wurde: kleinteilig, friedlich, vernetzt, aktiv, integrativ, offen und damit fundamental unterschiedlich von üblichen Flüchtlingsunterkünften, die eher auf Komplettversorgung bei gleichzeitiger räumlicher Abschottung und Desintegration setzen. Ein Kunstprojekt, das gleichzeitig sozialer Generator ist, sich auf die Mitarbeiter, die Künstler, die Nachbarn, das Kampnagel-Publikum und die Stadt zubewegt, ein Ort, der partiell öffentlich ist, aber auch Privatheit bietet.

Das Projekt wurde eher gecoacht als gesteuert, vor allem von Móka Farkas von Baltic Raw. Dabei wurden unterschiedliche Aktivitäten gemeinsam mit den Bewohnern entwickelt: ein Mittagstisch mit nigerianischem Essen für Kampnagel-Mitarbeiter und Nachbarn, selbst gefertigte Produkte wie Taschen, Hemden und Transparente, ein Radiosender für Flüchtlinge, Deutschkurse, eine Festivallounge für das Krass-Festival. Somit waren die Bewohner der „ecoFavela" relativ gut in das Leben auf Kampnagel eingebunden. Selbstverständlich waren sie auch zu allen Vorstellungen eingeladen. Finanziert wurde das Projekt während des Projektzeitraums über Spenden und Solidaritätskonzerte, für die sich einige der Kampnagel-Techniker vorbildlich engagierten. Ab und an gab es Konflikte, persönliche wie soziale, die jedoch stets gelöst werden konnten. Ein gravierendes Problem war über den gesamten Zeitraum, dass die Bewohner sich aus Spendengeldern finanzierten und keine Möglichkeit hatten, selbst Geld zu verdienen. Dadurch war die finanzielle Abhängigkeit der Bewohner nicht zu verhindern, was im Prinzip nicht den ursprünglichen Intentionen des Projekts entsprach. Anwohnerbeschwerden gab es keine.

Die Anzeige

Die Hamburger AfD erhob unmittelbar nach Start des Projektes eine Strafanzeige gegen mich wegen „Veruntreuung öffentlicher Gelder" und „Verstoß gegen das Ausländerstrafrecht". Die Anzeige verschaffte dem Projekt eine mediale Öffentlichkeit, die in diesem Umfang bei einem niederschwelligen Projekt wie der „ecoFavela" nicht zu erwarten gewesen war. Allerdings scheint das Projekt auch den Nerv der derzeitigen Debatten um einen anderen Umgang mit Flüchtlingen getroffen zu haben. Derzeit führt die Staatsanwaltschaft Hamburg Vorermittlungen wegen „Beihilfe zum Verstoß gegen das Aufenthaltsrecht für Ausländer".

Schluss

Die Flüchtlingsfrage wird uns in den nächsten Jahrzehnten begleiten, dem müssen wir uns als Gesellschaft stellen. Es sind oft traumatisierte Menschen, die zu uns kommen. Sie bringen vielseitige Kompetenzen mit, die hier benötigt werden, von denen wir lernen können und die wir respektieren sollten. Wir brauchen ein neues Nachdenken über die Unterbringung von Flüchtlingen. Dabei sollten Massenunterkünfte ebenso infrage gestellt werden wie die Auslagerung an den Stadtrand oder in Industriegebiete. Eine Unterbringung in städtischen Wohngebieten anstelle der Ghettoisierung könnte das Potenzial für die Eingliederung der Flüchtlinge schaffen. Dafür sollte man Pilotprojekte entwickeln. Neben der Wohnsituation sind die schlechten Chancen auf dem Arbeitsmarkt das zweite zentrale Problem. Sie schaffen einen problematischen Außenseiterstatus und lassen den Flüchtlingen nur die Möglichkeit der Schwarzarbeit und damit Illegalität. Faktisch sollte man Flüchtlingen eine umsichtige Integration in unsere Arbeitswelt ermöglichen – auch hier ist Pionierarbeit in größerem Umfang vonnöten. In diesem Kontext kann die Kunst ein wichtiger Partner sein. Dafür braucht es neue Konzepte zur übergreifenden Zusammenarbeit der verschiedenen Behörden, aber auch von Künstlern, Aktivisten, Wirtschaftsorganisationen, Stiftungen, Kirchen und sozialen Einrichtungen. Die Zeit drängt!

HINTERGRÜNDE

Marina Birich
Nadine Bock
Oliver Borchert
Constantin Tibor Bruns
Felix Wilhelm Droege
Jan Philipp Drude
Eike Philipp Engel
Sebastian Freitag
Lisa Fuehring
Marc Glugla
Lena Grimm
Carolin Simone Hillmer
Rachel Hosefelder
Carmen Koehne
Torben Lipke
Madeleine Moeller
Tobias Jan Naftali
Tim-Morten Neuenfeld
Alina Schilmoeller
Franziska Schumacher
Nelli Seibel
Celine Sicking
Georgios Stavropoulos
Malte Tams
Aleksandra Walczak
Shuang Wang
Sinje Westerhaus
Yifei Wu

Nach Angaben der UNHCR sind zurzeit etwa 51 Millionen Menschen weltweit auf der Flucht, dies entspricht sieben Prozent der Weltbevölkerung. Für das Jahr 2015 erwartet das Bundesamt für Migration und Flüchtlinge (BAMF) ca. 250.000 Erst- und 50.000 Folge-Asylantragstellungen in Deutschland (Stand 26.3.2015). Begleitend zum Entwurf haben Architekturstudierende der Leibniz Universität Hannover in einem theoretischen Seminar Daten und Informationen zu sozialen, kulturellen, wirtschaftlichen und rechtlichen Einflussfaktoren und Rahmenbedingungen analysiert und visualisiert. Ziel war es, die Hintergründe der Flüchtlingsproblematik zu verstehen und Grundlagen für den Entwurf zu erarbeiten. Auf den folgenden Seiten sind die wichtigsten Ergebnisse zusammengefasst.

FLÜCHTLINGS-STRÖME NACH EUROPA

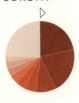

Prozentualer Anteil aller Flüchtlinge

▷ Afghanistan 21,7%
Syrien 21,0%
Somalia 9,5%
Sudan 5,5%
DR Kongo 4,2%
Myanmar 4,1%
Irak 3,4%
Kolumbien 3,4%
Vietnam 2,7%
Andere 24,5%

Herkunftsländer 2013

Prozentualer Anteil aller Flüchtlinge

▷ Pakistan 13,6%
Iran 7,3%
Libanon 7,3%
Jordanien 5,5%
Türkei 5,2%
Kenia 4,5%
Irak 3,4%
Tschad 3,7%
Äthiopien 3,7%
China 2,6%
USA 2,2%
Irak 2,1%
Andere 42,3%

Zufluchtsländer 2013

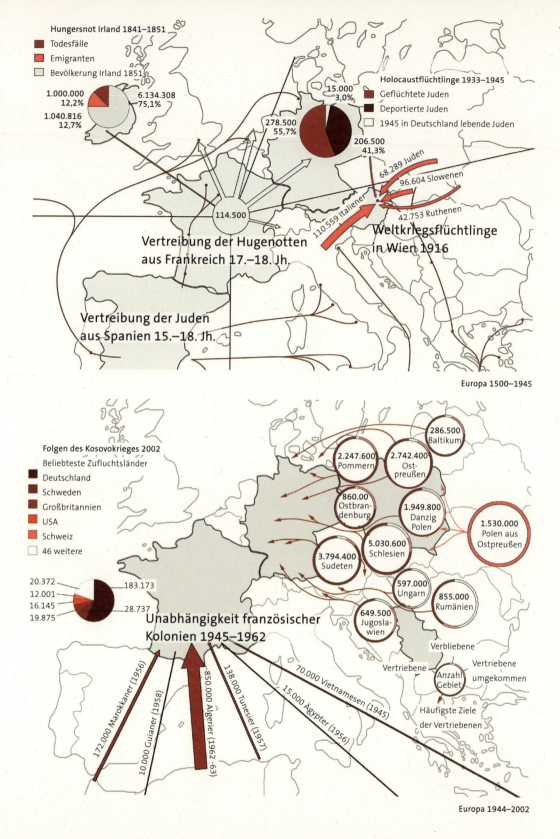

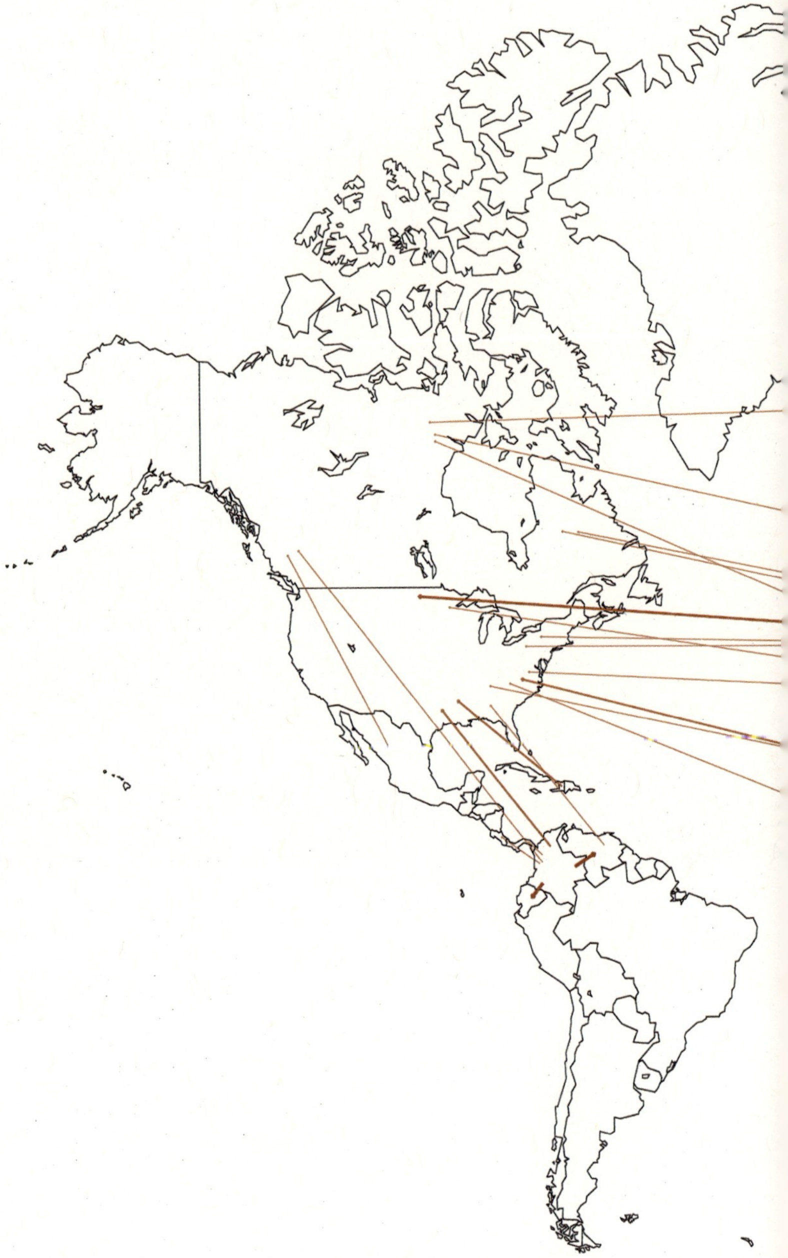

Wie im geschichtlichen Überblick bereits verdeutlicht, existieren Flüchtlingsbewegungen seit Jahrhunderten. Durch immer neue Kriege, Naturkatastrophen und Furcht vor Verfolgung ist das Thema allgegenwärtig. Zwar zeigte sich in den 1990er Jahren ein Rückgang der Flüchtlingszahlen, seit 2006 ist die Tendenz jedoch wieder steigend. Im Folgenden werden statistische Zahlen aus dem Jahr 2013 betrachtet und diagrammatisch veranschaulicht, um die Zusammenhänge und Auswirkungen der Flüchtlingsströme zu verdeutlichen.

Legende
Bis 20.000
20.000–50.000
50.000–100.000
100.000–500.000
500.000–1.000.000
Mehr als 1.000.000

FLÜCHTLINGS-
STRÖME 2011

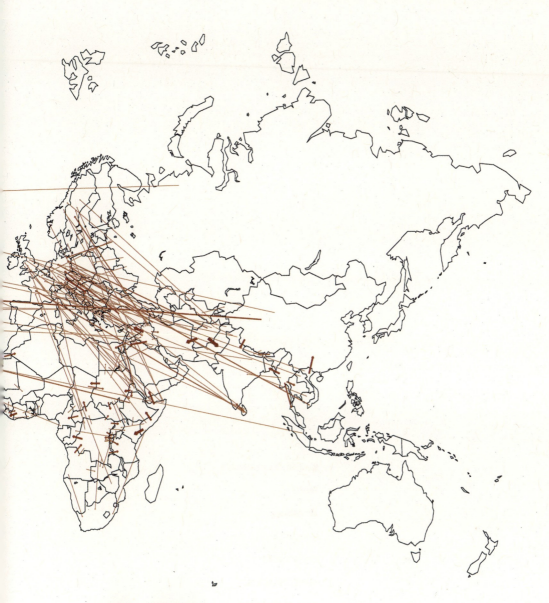

1%

Von weltweit 51 Millionen Flüchtlingen kommen weniger als ein Prozent nach Europa und davon nur etwa ein Viertel nach Deutschland.

FLÜCHTLINGS-STRÖME NACH EUROPA 2013

Zufluchtsländer 2013

Wie die Statistiken zur globalen Verteilung zeigen, fanden im Jahr 2013 die größten Flüchtlingsbewegungen in Afrika und insbesondere im südlichen Teil von Asien statt. Ein großer Anteil der Flüchtlinge konnte in benachbarten Ländern Zuflucht finden, einige nahmen aber auch den weiten Weg und das Risiko auf sich und suchten Schutz in Europa. Hierbei stehen zahlenmäßig Frankreich, Deutschland und Großbritannien an der Spitze der Zufluchtsländer. Betrachtet man die Zuwanderung aber in Bezug auf die jeweiligen Bevölkerungszahlen, fällt der Flüchtlingsanteil verhältnismäßig gering aus – insbesondere im Falle Schwedens und Norwegens wird dies deutlich.

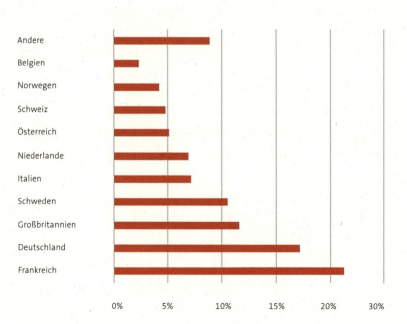

Anteil gesamter Flüchtlinge in Europa 2013

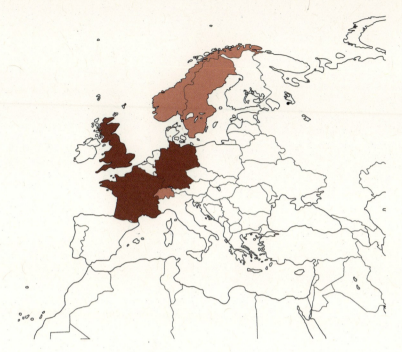

Hotspots Zufluchtsländer 2013

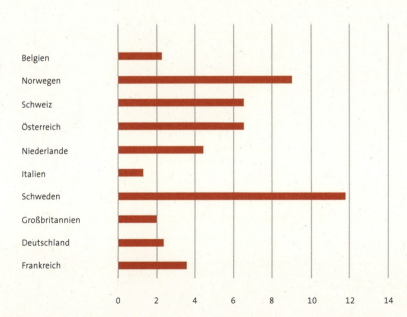

Flüchtlinge pro 1000 Einwohner 2013

FESTUNG EUROPA

Jedes Jahr versuchen Flüchtlinge aus aller Welt nach Europa zu gelangen. Unter teils größten Strapazen fliehen sie infolge von Kriegen, Hungersnöten oder Naturkatastrophen aus ihrem Heimatland, um anderswo in Frieden leben zu können. Die Zahl der Flüchtlinge steigt weltweit konstant. Europa als Staatenbund versucht, die Flüchtlingsströme mithilfe verschiedener Maßnahmen zu steuern.

SCHENGENER ABKOMMEN

Am 15. Juni 1985 im luxemburgischen Schengen wurde zwischen den fünf Gründungsstaaten Frankreich, Belgien, Holland, Deutschland und Luxemburg das Schengener Abkommen geschlossen. Es wurde bis heute von 26 Mitgliedern ratifiziert. Das Schengener Abkommen hat zum Ziel, die Binnengrenzen zwischen den Mitgliedsstaaten abzuschaffen, um den Handel zu erleichtern. Gleichzeitig verpflichten sich die Unterzeichnerländer, ihre Außengrenzen gegen Flüchtlinge und illegale Einwanderer zu verstärken.

EUROPEAN EXTERNAL ACTION SERVICE (EEAS)

Der 2007 im Zuge des Lissaboner Vertrages ins Leben gerufene Europäische Auswärtige Dienst ist in erster Linie für die Koordination der europäischen Außenbeziehungen zuständig. Dazu gehört neben dem Interesse an sicherheitspolitischen Bündnissen und Handelspartnerschaften auch das Ziel, Aktionspläne zur Steuerung von Migrationsströmen zu erarbeiten. In Afrika steht der EEAS in Verhandlung mit diversen Staaten. Ziel ist es offenbar, dass diese Länder eine „Türsteherfunktion" für Europa übernehmen und die Flüchtlinge bereits in Afrika stoppen. Seit 2006 soll die EU allein an Marokko 700 Millionen Euro für bessere Grenzschutzanlagen und Polizeiausbildung gezahlt haben.

FRONTEX: DIE EXEKUTIVE

Mittels modernster Technologien und unter Einbezug ihrer Nachbarstaaten versucht die Europäische Union, ihre Außengrenzen vor Kriminalität und illegaler Migration zu schützen. Zentraler Akteur ist dabei die Grenzschutzagentur FRONTEX (Frontières extérieures) mit Sitz in Warschau. Sie ist eine 2005 gegründete, eigenständige Einrichtung des europäischen öffentlichen Rechts. Die Agentur analysiert Migrationsströme, sammelt Daten und erstellt auf dieser Basis Risikoberichte zur illegalen Migration. Sie stellt die technische und operative Infrastruktur zur Verfügung und unterstützt die Mitgliedstaaten bei der Durchführung von sogenannten „Rückführungsaktionen", also der Abschiebung von Flüchtlingen. Schwerpunkte bilden Einsätze auf hoher See, um ein Anlanden von Flüchtlingsbooten bzw. deren Eindringen in europäische Hoheitsgewässer zu verhindern. Das Budget ergibt sich zum großen Teil aus den Geldern der Schengen-Mitgliedstaaten. Seit 2005

hat sich das Jahresbudget der Agentur von gut sechs auf knapp 90 Millionen Euro (2013) nahezu verfünfzehnfacht.

FONDS „SOLIDARITÄT UND STEUERUNG DER MIGRATIONSSTRÖME"
Insgesamt 4.000.000.000 Euro zahlte die EU von 2007 bis 2013 in den Fonds „Solidarität und Steuerung der Migrationsströme". Davon wurden nur 700 Millionen Euro verwendet, um Asylverfahren zu unterstützen, Aufnahmebedingungen zu verbessern und Resettlement-Programme für besonders schutzbedürftige Flüchtlinge auszubauen. Fast die Hälfte des Etats diente dazu, die Außengrenzen zu verstärken. So investierte zum Beispiel Spanien in dem genannten Zeitraum aus dem Solid-Fonds knapp 290 Millionen Euro in die Grenzsicherung, gab aber nur etwa 9,3 Millionen Euro für die Versorgung der Flüchtlinge aus.

EUROSUR
EUROSUR (European Border Surveillance System) ist ein Überwachungssystem der EU, das mit modernster Technologie die Außengrenzen der Mitgliedsländer überwacht und sie in der Kooperation untereinander unterstützen soll. 2013 ins Leben gerufen, sollen bis 2020 insgesamt 244 Millionen Euro investiert werden. EUROSUR soll die technischen Rahmenbedingungen dafür schaffen, die Zahl der illegal in das Hoheitsgebiet der Europäischen Union gelangenden Drittstaatsangehörigen zu reduzieren.

MARE NOSTRUM/TRITON
Mare Nostrum war eine Operation der italienischen Marine und Küstenwache zur Seenotrettung von Flüchtlingen, die über das Mittelmeer nach Europa kommen wollten. Gestartet nach einer Reihe tödlicher Unglücke von Flüchtlingsbooten im Herbst 2013, wurde das Programm aus Kostengründen bereits Ende 2014 wieder eingestellt. In einem Jahr konnten mehr als 100.000 Flüchtlinge gerettet werden. Die italienische Regierung stellte monatlich 9,3 Millionen Euro zur Verfügung. Triton ist die von FRONTEX betreute Folgeoperation von Mare Nostrum und im Gegensatz dazu eine Grenzsicherungsoperation. Europa stellt monatlich 2,9 Millionen Euro im Monat zur Verfügung. Im Vergleich zu Mare Nostrum wird nur noch kurz vor Lampedusa patrouilliert, wodurch die Rettungsquote erheblich niedriger ist. Immer wieder wird FRONTEX vorgeworfen, Push-back-Aktionen gegen Flüchtlingsboote durchzuführen. Aktuell wird wieder intensiv über das Mare-Nostrum-Programm diskutiert.

Legende
● Schengen-Staaten
▨ EU-Mitglieder, nicht Schengen
▥ EU-Kandidaten
▧ Europäische Nachbarschaftspolitik
● Sonstige Staaten
---- FRONTEX-Einsatzgebiet
..... Europäische Nachbarschaftspolitik

ASYLBEWERBER
UND FLÜCHTLINGE
IN DEUTSCHLAND
2013

Herkunftsländer

Weibliche Flüchtlinge nach Deutschland	Alter
10.972	0 -4
15.318	5 -11
12.294	12 -17
77.828	18 -59
9.912	60+
Gesamt 126.324	

Asylbewerber

▷ Türkei 3.165
Eritrea 4.101
Somalia 4.803
Irak 6.093
Pakistan 7.534

Iran 7.888
Syrien 10.566
Russland 12.890
Serbien und Kosovo 14.545
Afghanistan 16.148
Sonstige 44.793

Flüchtlinge

▷ Somalia 3.512
Eritrea 3.984
Sri Lanka 4.077
Russland 4.358
Serbien und Kosovo 8.418

Iran 17.150
Syrien 21.253
Afghanistan 24.203
Türkei 24.449
Sonstige 33.250

Asylbewerber Religion

▷ Sonstige und Unbekannt 3,5 %
Hinduismus 1,9%
Konfessionslos 2,7%
Yeziden 4,8%
Christentum 22,2%
Islam 64,9%

Männliche Flüchtlinge nach Deutschland

11.807

16.911

16.278

142.319

9.509

Gesamt 196.824

FLUCHTROUTEN NACH EUROPA

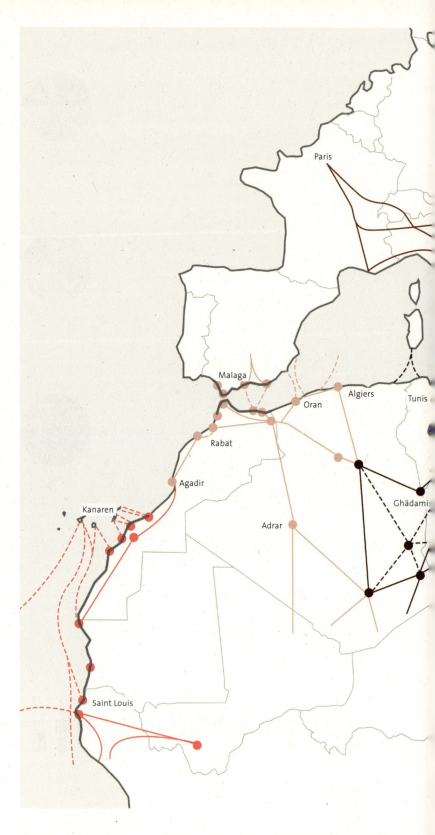

CENTRAL MEDITERRANEAN
Verschiedene Flüchtlingsströme, vor allem aber aus Eritrea, Syrien und Somalia. 2011 stieg die Zahl der vermerkten Flüchtlinge auf dieser Route von unter 10.000 auf über 60.000. Zurückzuführen ist dieser rasante Anstieg auf Flüchtlinge infolge des Arabischen Frühlings, vor allem aus Libyen und Tunesien. Sie war die am häufigsten verwendete Flüchtlingsroute nach Europa in den Jahren 2011-2013.

EASTERN MEDITERRANEAN
Die Flüchtlinge auf dieser Route stammen größtenteils aus Afghanistan, Algerien, Eritrea und Syrien. Seit 2012 steigt die Zahl der syrischen Flüchtlinge, die versuchen, über die „Eastern Mediterranean Route" nach Europa zu gelangen.

WEST MEDITERRANEAN
Diese Route wurde vor allem in den 90er Jahren stark frequentiert und verzeichnete einen Hochpunkt zu Beginn der 2000er Jahre. Seit 2008 bleiben die Ströme konstant relativ gering. Die Flüchtlinge stammen vorwiegend aus Algerien, Marokko, Mali, Tschad oder Kamerun. Auffällig ist die hohe Anzahl von Kindern und schwangeren Frauen, die auf dieser Route flüchten.

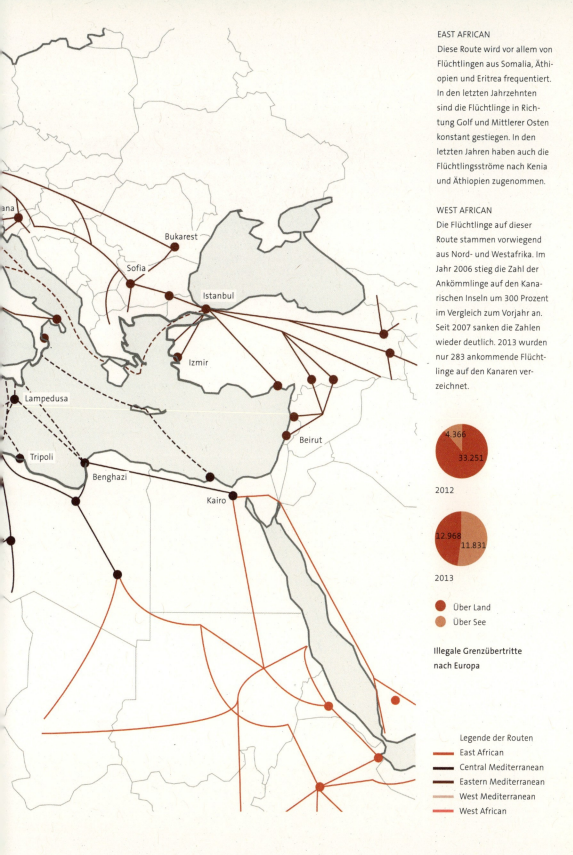

EAST AFRICAN
Diese Route wird vor allem von Flüchtlingen aus Somalia, Äthiopien und Eritrea frequentiert. In den letzten Jahrzehnten sind die Flüchtlinge in Richtung Golf und Mittlerer Osten konstant gestiegen. In den letzten Jahren haben auch die Flüchtlingsströme nach Kenia und Äthiopien zugenommen.

WEST AFRICAN
Die Flüchtlinge auf dieser Route stammen vorwiegend aus Nord- und Westafrika. Im Jahr 2006 stieg die Zahl der Ankömmlinge auf den Kanarischen Inseln um 300 Prozent im Vergleich zum Vorjahr an. Seit 2007 sanken die Zahlen wieder deutlich. 2013 wurden nur 283 ankommende Flüchtlinge auf den Kanaren verzeichnet.

4.366
33.251
2012

12.968
11.831
2013

● Über Land
● Über See

Illegale Grenzübertritte nach Europa

Legende der Routen
East African
Central Mediterranean
Eastern Mediterranean
West Mediterranean
West African

FLUCHT AUS AFGHANISTAN
[PERSÖNLICHES INTERVIEW]

Ganz alleine fuhr ein afghanischer Junge aus Jalalabad mit dem Bus sieben Stunden nach Pakistan. Ein Schlepper brachte ihn über die Grenze in den Iran. Die Fahrt dauerte einen Tag und endete in Teheran. Von dort aus ging es für fünf Tage in eine fremde Stadt, bis ihn ein Schlepper nachts in die Berge an die türkische Grenze brachte. Der Fußmarsch bis in die Türkei dauerte zwölf Stunden. In den Bergen verbrachte er vier Wochen, bis ein Schlepper ihn nach Istanbul brachte, dann weiter mit einem LKW an die türkische Küste des Ägäischen Meers. Mit einem Gummiboot setzte er mit weiteren Flüchtlingen nach Griechenland über. Kurz vor der Küste kenterte das Boot, sie mussten schwimmen. In Griechenland verbrachte er sechs Monate in einem Heim. Dann ging es, eingesperrt auf einem LKW, ohne Wasser und ausreichend Luft, weiter nach Italien. Per Anhalter erreichte er Rom. Drei Tage Heimunterkunft, dann mithilfe eines Schleppers per Bus weiter nach Paris. Vier Tage war die Pariser U-Bahn sein „Zuhause", dann fuhr er mit einem Bus nach Deutschland. Auf der A40 kontrollierte die Polizei den Bus und brachte ihn erst nach Kempen, dann nach Bielefeld. Seine Flucht endete somit nach 10.000 Kilometern und zehn Monaten in Bielefeld mit einem Antrag auf Asyl. Eigentlich war Norwegen sein Ziel, doch mittlerweile hat er in Bielefeld seinen Schulabschluss gemacht und beginnt eine Ausbildung.

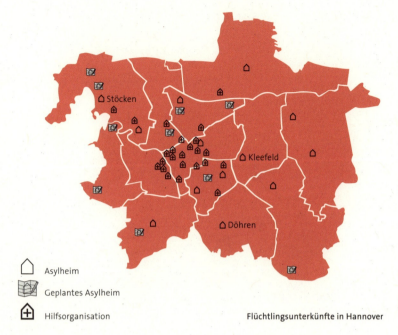

Flüchtlingsunterkünfte in Hannover

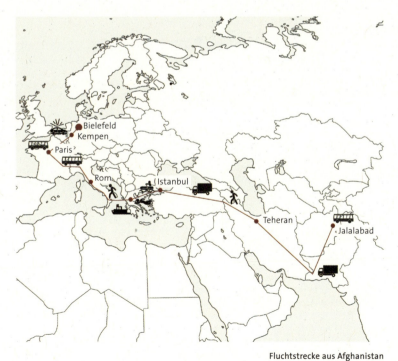

Fluchtstrecke aus Afghanistan

Der Königsteiner Schlüssel

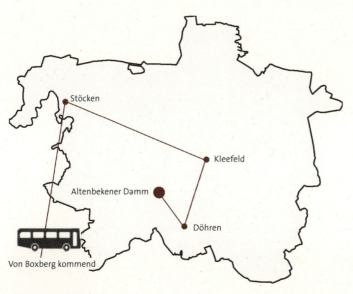

Odyssee in Hannover

FLUCHT AUS DEM KOSOVO
[PERSÖNLICHES INTERVIEW]

Eine Mutter mit acht Kindern flüchtete 1991 infolge des Kosovokriegs auf einem LKW nach Deutschland. Drei Tage dauerte die Fahrt, bis sie in Dortmund ankamen. Gehalten wurde lediglich, um zu tanken, einzukaufen und für Toilettengänge. In Dortmund verbrachten sie drei Tage bei Verwandten, bis sie mit dem Bus weiter nach Essen fuhren. In Essen mussten sie sich melden, daraufhin kam die Familie für sechs Monate in ein Heim. Anschließend wurden sie weitergeschickt, nach Bergkamen, wo man allerdings kurz nach der Ankunft feststellte, dass sie dort nicht bleiben konnten. Sie wurden nach Oberhausen gebracht, nach zwei Wochen Aufenthalt weiter mit einem Bus nach Boxberg. In Boxberg lebten sie zwei Jahre in einem umgestalteten Touristenbungalow, bevor es nach Hannover-Stöcken ging. Dort verbrachten sie in einem Asylantenwohnheim erneut zwei Jahre, dann wurden sie in das Asylantenheim Hannover-Kleefeld gebracht. Auch dort verbrachten sie zwei Jahre, bevor das Asylantenheim in Hannover-Döhren ihr „Zuhause" wurde. Zwei Jahre später schloss das Heim und sie wurden in das Asylantenheim am Altenbekener Damm gebracht. Drei Jahre später konnten sie sich erstmalig eine eigene Wohnung mieten. Heute hat noch immer nicht jeder der Familie einen Aufenthaltstitel. Einige besitzen nach wie vor bloß eine Duldung und können jederzeit abgeschoben werden.

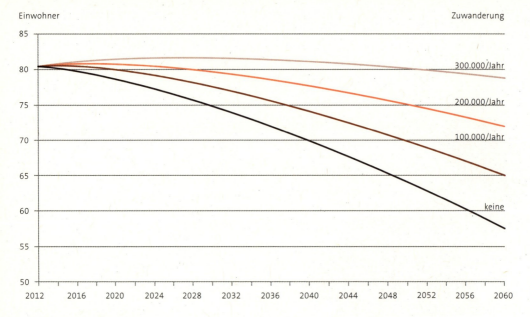

Entwicklung der Bevölkerungsgröße

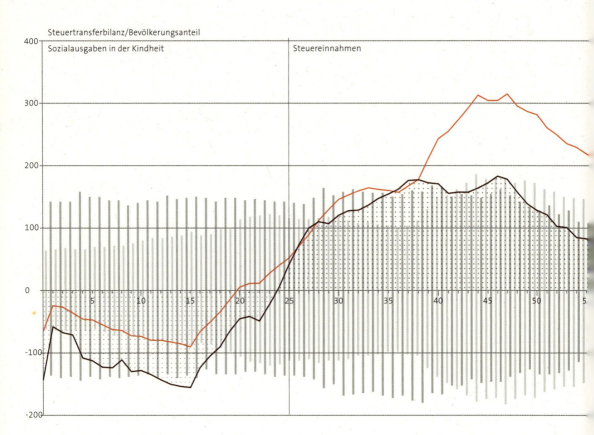

Steuertransferbilanz bei Ausländern und Deutschen

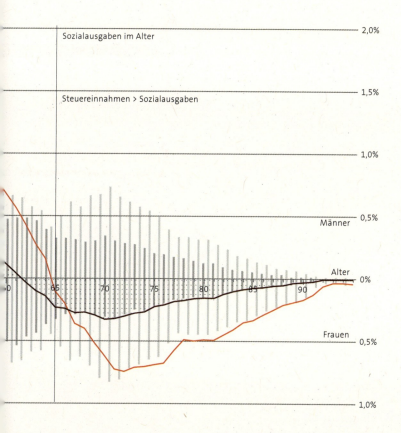

AUSLÄNDER SIND KEINE BELASTUNG FÜR DEN DEUTSCHEN SOZIALSTAAT

Im Auftrag der Bertelsmann-Stiftung erstellte das ZEW (Zentrum für Europäische Wirtschaftsforschung) unter der Leitung von Prof. Dr. Holger Bonin kürzlich eine Studie zu der Fragestellung: „Sind Ausländer (...) eine Belastung für den deutschen Sozialstaat?"[1] Die Studie untersucht hierbei nicht nur die aktuellen Zahlen, sondern stellt ebenso Prognosen für die Zukunft auf, die Vorurteile weitgehend ausräumen sollten.
So veranschaulicht die nebenstehende Grafik die Bevölkerungsentwicklung mit und ohne Zuwanderung und macht schnell deutlich, dass die Bundesrepublik ohne Zuwanderung entvölkert würde. Leider fehlen in der Studie konkrete Angaben dazu, wie sich die Investitionen und Einnahmen durch Menschen ohne deutsche Staatsbürgerschaft wirklich gegeneinander darstellen.
Die Steuertransferbilanz bezeichnet das Verhältnis der eingenommenen Steuern im Vergleich zu den Ausgaben des Staates für die einzelnen Mitbürger.

Legende
■ Menschen mit ausländischer Staatsbürgerschaft
■ Menschen mit deutscher Staatsbürgerschaft
■ Steuertransferbilanz für deutsche Menschen
■ Steuertransferbilanz für ausländische Menschen

Unter 0 = Frauen
Über 0 = Männer

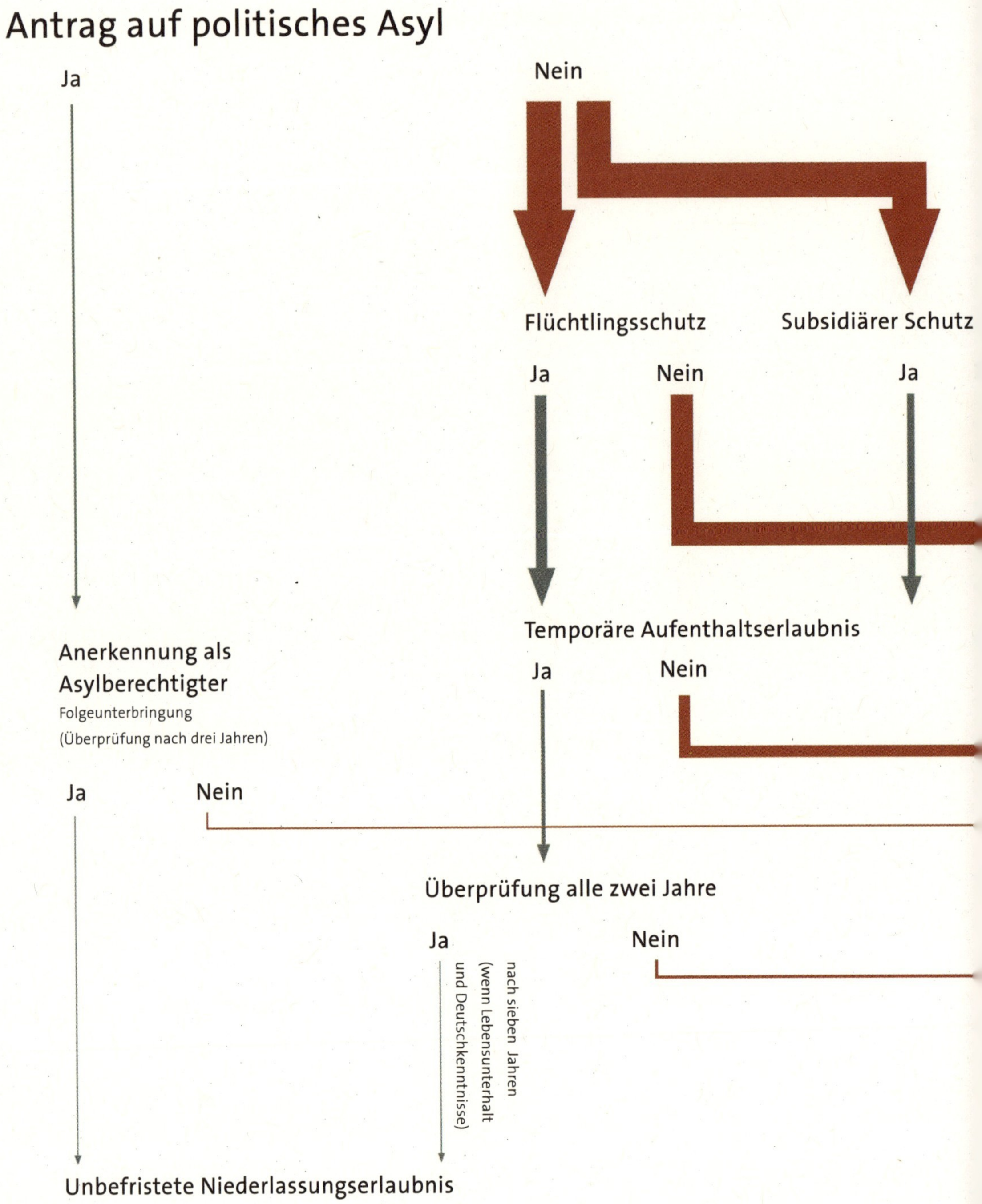

ASYLVERFAHREN

Antrag auf politisches Asyl

Ja → Nein →

Flüchtlingsschutz — Subsidiärer Schutz

Ja / Nein / Ja

Anerkennung als Asylberechtigter
Folgeunterbringung
(Überprüfung nach drei Jahren)

Ja / Nein

Temporäre Aufenthaltserlaubnis

Ja / Nein

Überprüfung alle zwei Jahre

Ja / Nein

nach sieben Jahren
(wenn Lebensunterhalt
und Deutschkenntnisse)

Unbefristete Niederlassungserlaubnis

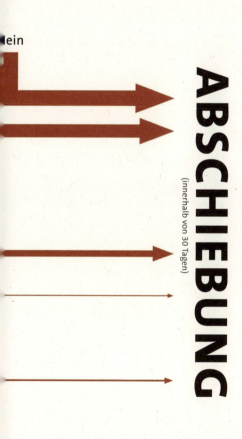

Arbeiten

Neun Monate — Arbeitsverbot

Vier Jahre — mit Erlaubnis
Faktisch unmöglich, da Deutsche, EU-Ausländer und anerkannte Flüchtlinge bevorzugt werden

ABSCHIEBUNG (innerhalb von 30 Tagen)

POLITISCHES ASYL
(Art. 16a GG)
Als politisch verfolgt gilt, wer gezielten und intensiven ausgrenzenden Rechtsverletzungen durch den Staat in Bezug auf folgende Punkte ausgesetzt war:
· Ethnizität
· Religion
· Nationalität
· politische Überzeugung
· Zugehörigkeit zu einer bestimmten sozialen Gruppe

FLÜCHTLINGSSCHUTZ
(§ 3 Abs. 1 AsylVfG)
Anerkennung eines Ausländers als Flüchtling bei Furcht vor Verfolgung aufgrund seiner:
· Ethnizität
· Religion
· Nationalität
· politischen Überzeugung
· Zugehörigkeit zu einer bestimmten sozialen Gruppe

SUBSIDIÄRER SCHUTZ
(§ 4 AsylVfG)
Anerkennung eines Ausländers als subsidiär Schutzberechtigter, wenn in seinem Herkunftsland ernsthafter Schaden droht durch:
· Verhängung/Vollstreckung der Todesstrafe
· Folter oder unmenschliche/ erniedrigende Behandlung/ Bestrafung
· Bedrohung des Lebens infolge eines internationalen oder innerstaatlichen bewaffneten Konflikts
· allgemeine Notsituationen wie Armut/Naturkatastrophen

Ablehnung
Bewilligung

ENTSCHEIDUNGEN
UND KOMMENTARE
ZU ASYLANTRÄGEN
IN DEUTSCHLAND

„Es geht jetzt nicht darum, (...) Flüchtlinge aus dem Irak nach Deutschland zu holen, sondern dafür zu sorgen, dass sie im Land bleiben können. Es wäre (...) ein unerträglicher Triumph für die Terroristen als Feinde unserer Religion, wenn am Ende des Konflikts die Christen aus dem Irak vertrieben wären – kulturhistorisch und menschheitsgeschichtlich."

Innenminister Thomas de Maiziére

„Es ist vielleicht noch weniger christlich, wenn wir zu viele [Flüchtlinge] aufnehmen und dann keinen Platz mehr finden für die, die wirklich verfolgt sind."

Bundeskanzlerin Angela Merkel

Anerkennung als Asylberechtigter (919)

Anerkennung als Flüchtling (9996)

Gewährung von subsidiärem Schutz (7005)

Feststellung eines Abschiebeverbotes (2008)

Ablehnung (31.145)

Formelle Entscheidung zum Beispiel aufgrund von Übernahmeersuchen (29.705)

Entscheidungen über Asylanträge in Deutschland (2013)

KONZEPTE

Die Aufnahme von Flüchtlingen bedeutet die direkte Umsetzung von Politik in Raum. In den folgenden Projekten beschäftigten sich Architekturstudierende der Leibniz Universität Hannover aus architektonischer Sicht mit der Herausforderung und den Potenzialen der Aufnahme von Schutzsuchenden in Deutschland am Beispiel Hannovers. Es wurden Vorschläge erarbeitet für alternative, innovative und prototypische Formen des Wohnens für Geflüchtete. Auch der Prozess der Verstetigung wird thematisiert und in prozessorientierten Entwürfen dargestellt. Die Entwurfsarbeiten beziehen sich zunächst auf Lösungen innerhalb der Stadt Hannover. Sie sind strukturell jedoch so angelegt, dass sie modellhaft auf andere Städte und Regionen übertragen werden können.

Peter Haslinger und Simon Takasaki　　　　102
Handlungsstrategien

DARAUF BAUEN　　　　106
Für- Auf- Miteinander　　　　108
Pavillon²　　　　120

HINEIN BAUEN　　　　132
Implantat　　　　134
Wohn[Park]Haus　　　　142
Refugee Station　　　　152
Messehalle 13　　　　160

ZWISCHEN BAUEN　　　　168
Bunte Lücke　　　　170
Fill The Gaps　　　　178

MOBIL BAUEN　　　　184
Wir wohnen im Zug　　　　186
Floating Houses　　　　196

NEU BAUEN　　　　206
WIN　　　　208
Hinterhof　　　　216
My Schrebergarten　　　　226

PETER HASLINGER
UND
SIMON TAKASAKI
—
HANDLUNGSSTRATEGIEN

VIELFALT ZULASSEN

Es gibt nicht nur eine Lösung für eine adäquate Unterbringung von Flüchtlingen. Architektur kann die Vielfalt der unterschiedlichen Kulturen und Menschen widerspiegeln sowie nutzungs- und ortsspezifische Wohnkonzepte entwickeln.

VERANTWORTUNG ERNSTNEHMEN

Der einfachste Weg ist nicht immer der beste. Eine konsequente Gestaltung ist schon der erste Schritt zur Integration und macht sichtbar, dass die Menschen ernst genommen werden.

INITIATIVEN FÖRDERN

Es gibt bereits viele interessante Projekte, die auf Eigeninitiative beruhen: Die Aufnahme von Flüchtlingen in Wohngemeinschaften („Flüchtlinge willkommen") , die Integration von Flüchtlingen in ein Hotelkonzept (Grand Hotel Cosmopolis, Augsburg) oder die Ermöglichung von Begegnungen zwischen Flüchtlingen und Einheimischen zum Beispiel beim gemeinsamen Kochen („Über den Tellerrand", entstanden aus dem Kochbuch *Rezepte für ein besseres Wir*). Diese Eigeninitiativen müssen von Städten und Ländern finanziell und politisch unterstützt werden.

LEBENSRAUM SCHAFFEN
Geflüchtete wollen auch „nur" wohnen. Trotz aller Komplexität des Themas darf die Einfachheit des Anliegens nicht verkannt werden: Wir brauchen vernünftigen Wohnraum für alle Menschen, die bei uns Schutz suchen.

INTEGRATION BEGINNT IM KOPF
Containersiedlungen am Rande unserer Städte und Gemeinden schaffen Distanz – im Raum und in den Köpfen.

WOHNUNGSBAU ANKURBELN – INTEGRATION DURCH NACHBARSCHAFT
Bezahlbaren Wohnraum bereitzustellen, ist eine der vorrangigen Herausforderungen in Ballungsräumen, der sich die Kommunen stellen müssen. Die Schaffung bezahlbaren Wohnraums zum Beispiel für Familien lässt sich gut mit der Unterbringung von Flüchtlingen kombinieren. Geflüchtete und Ansässige sollten nebeneinander und miteinander leben, das erleichtert die Integration für beide Seiten.

FINANZIELLE EIGENSTÄNDIGKEIT ERMÖGLICHEN
Wer nicht arbeiten darf, der wird der Möglichkeit zu einem freien, eigenverantwortlichen Leben und damit seiner Menschenwürde beraubt. Doch die Wahrnehmung in der Gesellschaft ändert sich, Integration wird zunehmend gefördert.

REALISTISCH BLEIBEN
Man kann alleine nicht die Probleme der ganzen Menschheit lösen. Man kann aber mit kleinen Schritten dazu beitragen.

NUTZE DEINE MÖGLICHKEITEN UND RESOURCEN
Es nützt nichts, etwas nur zu wollen, man muss es auch tun. Dies ist am einfachsten, wenn man sich über seine Möglichkeiten im Klaren ist.

TUE GUTES UND REDE DARÜBER
Wie funktioniert Lernen? Durch Begeistern, Verstehen, Verankern, Weitertragen.

GRAS WÄCHST NICHT SCHNELLER, WENN MAN DARAN ZIEHT
Integration braucht Zeit. Man kann Integration nicht erzwingen und beschleunigen, aber man kann gute Bedingungen dafür schaffen.

MUT ZUR IMPROVISATION
Experimente wagen, Neues entdecken und Bestehendes verbessern. Nur so entstehen innovative Konzepte.

PROAKTIV PLANEN
Proaktiv zu planen heißt ergebnisoffen zu planen, Raum zu geben und ein Projekt sich entwickeln zu lassen. Feste Zielvorgaben können das Blickfeld einengen.

LASS DICH BEREICHERN
Die Eigenschaften, Fähigkeiten, Potenziale und Träume der Geflüchteten können unsere Gesellschaft bereichern, wenn man den Menschen die Möglichkeit gibt, sich einzubringen.

SIMON BECKMANN UND TASSILO GERTH UND SINJE WESTERHAUS

FÜR- AUF- MITEINANDER

Das Projekt „Für- Auf- Miteinander" holt die Flüchtlinge in die Stadt und nutzt den freien Raum auf Flachdächern. Exemplarisch wurde dafür das Gebäude der Architekturfakultät Hannover aus gewählt. Das Projekt besteht aus zwei zusätzlichen Ebenen auf dem vorhandenen Flachdach: eine Gemeinschaftsebene und darüber die Wohnebene für die Flüchtlinge. Die Wohnebene ist in drei verschiedene Wohnungstypen eingeteilt: Es gibt Einzelwohnungen, Wohngemeinschaften und Familienwohnen für insgesamt 111 Personen. Wichtigster Teil des Entwurfs ist die Gemeinschaftsebene, die den Wohnbereich mit dem Bestandsgebäude verknüpft. In dieser Zone können durch ein flexibles Schiebewandsystem verschiedene Räume nach Bedarf konfiguriert werden. So entstehen Seminarräume, Arbeitsräume, Religionsräume, Werkstätten, Sozialräume und verschiedene Aufenthaltsräume für Flüchtlinge und Studenten. Das Miteinander von Flüchtlingen und Studenten soll so die Integration fördern. Beide Seiten können voneinander profitieren und ihre Erfahrungen und Talente einbringen.

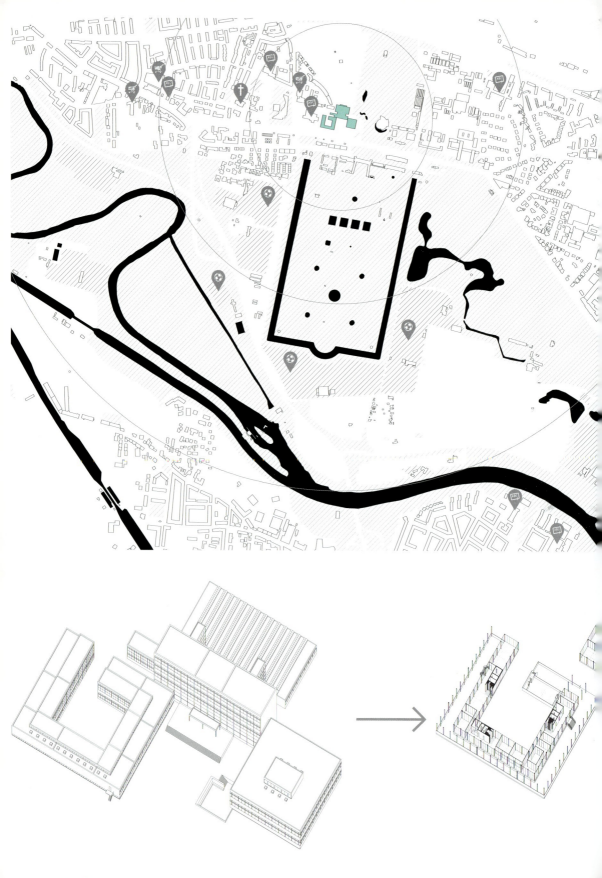

Studieren Ebene 01 ... Gemeinschaft Ebene 02

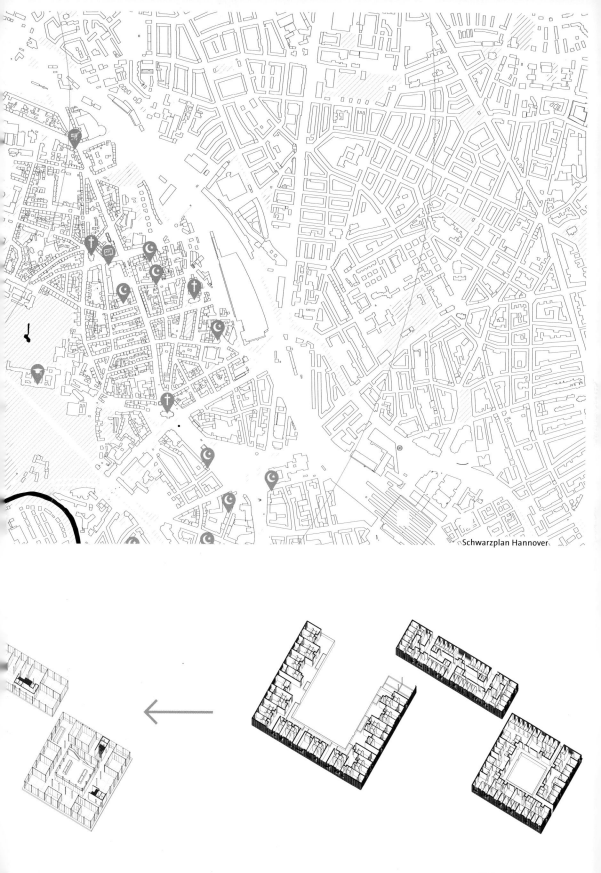

Schwarzplan Hannover

Wohnen Ebene 03

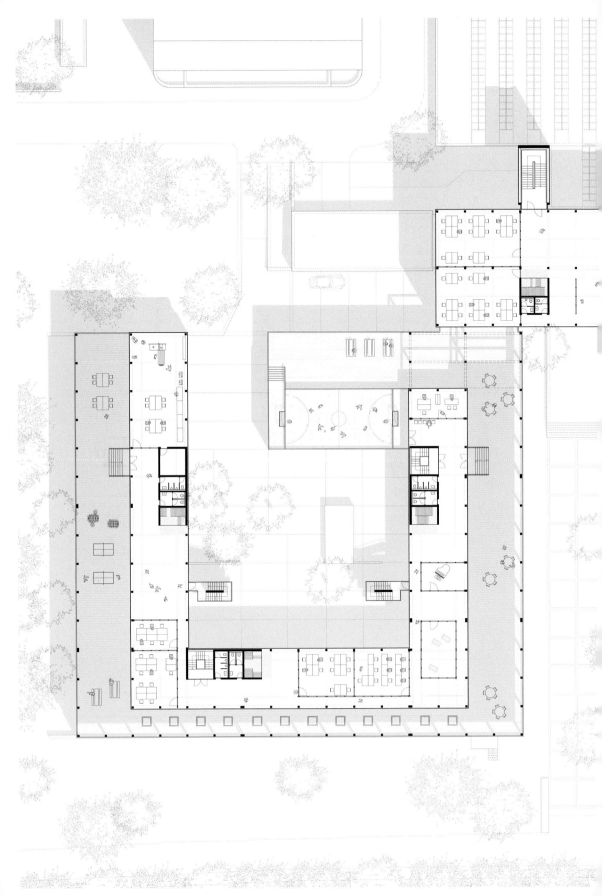

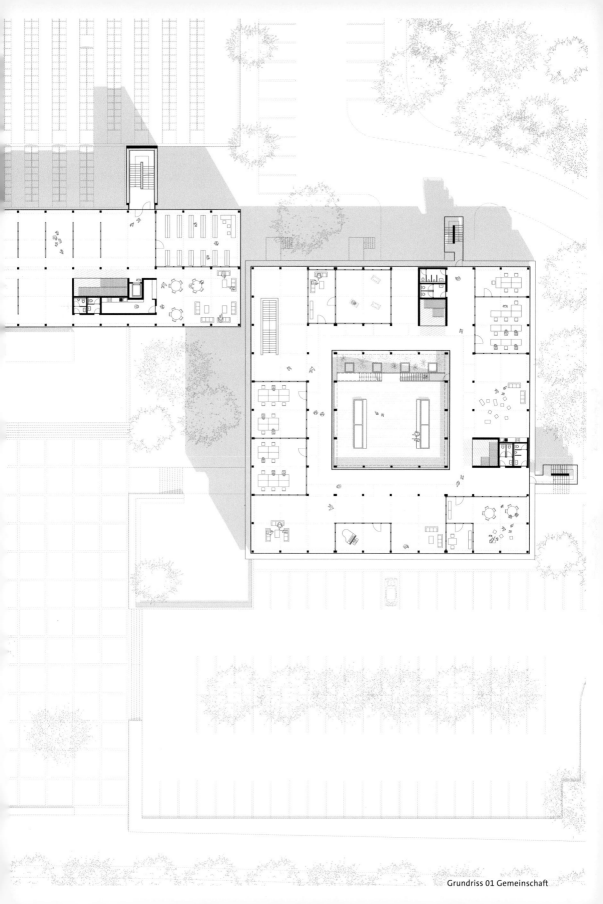

Grundriss 01 Gemeinschaft

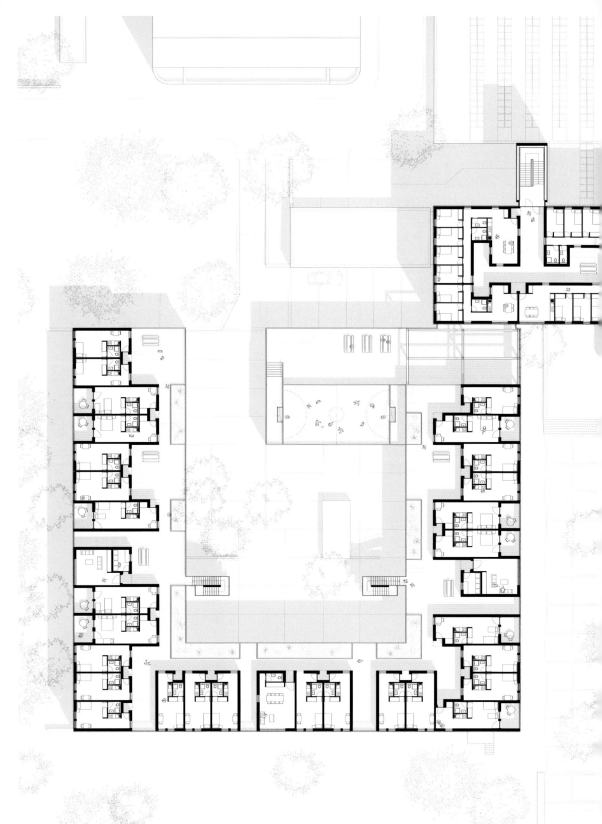

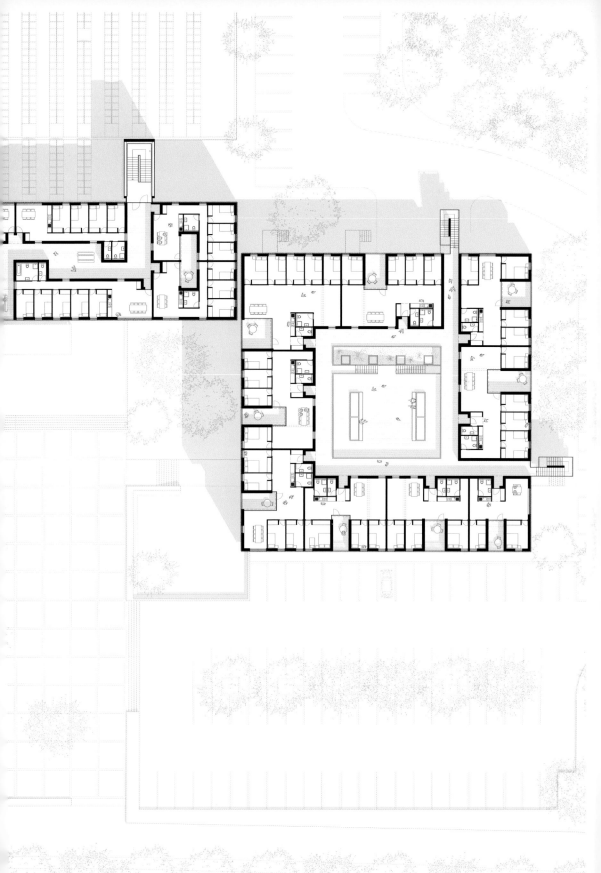

Grundriss 02 Wohnen

Fassadenansicht

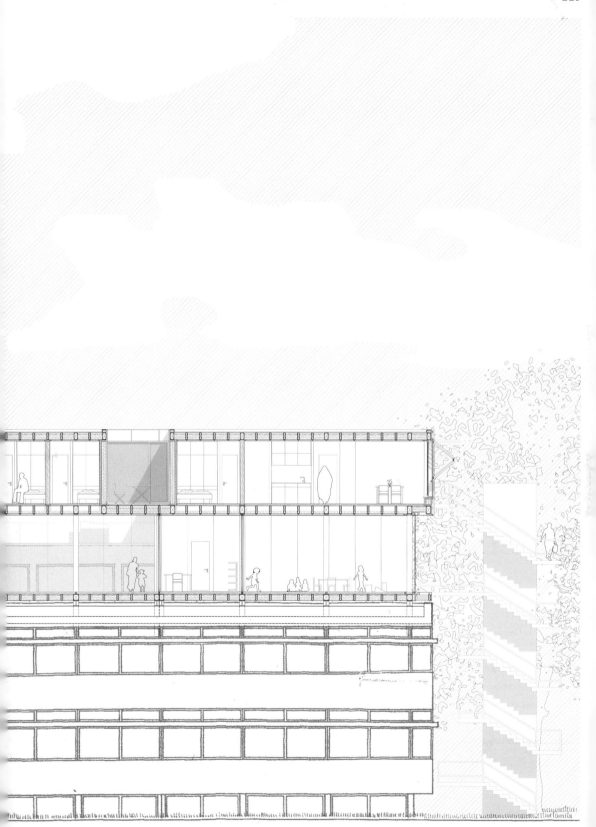

Fassadenschnitt

JULIAN MARTITZ UND MALTE TAMS
PAVILLON²

Angesichts der stetig steigenden Nachfrage nach Raum für die Unterbringung von Flüchtlingen aus den Krisengebieten der Welt stellt sich die Frage, wie eine Unterkunft beschaffen sein muss, die mit wenig Fläche auskommt, ohne dabei Wohnqualität vermissen zu lassen.

Der niederländische EXPO- Pavillon stellt aus verschiedenen Gründen die richtige Basis für die weitere Auseinandersetzung mit dieser Frage dar. Auf der EXPO präsentieren sich die Länder mit einer landestypischen Geste und heißen die Besucher aus aller Welt willkommen. Analog zur Raumnot der Flüchtlingsunterkünfte hat das Architekturbüro MVRDV mit seinem Entwurf einen Ansatz zum Umgang mit dem sich anbahnenden Flächenproblem der Niederlande aufgezeigt. Statt sich in die Fläche zu entwickeln, werden die verschiedenen Nutzungen gestapelt. Auf dieser Grundlage baut der Entwurf sprichwörtlich auf. Die vorhandenen Ebenen werden so umstrukturiert, dass sie zusammen mit der Aufstockung die Themen Unterkunft und Integration verbinden und gemeinsam ein neues Ganzes bilden, das mehr ist als die Summe seiner Teile.

Schwarzplan Hannover

DER AUFBAU

Auf den bestehenden Expo-Pavillon wird ein kubischer Körper aufgesetzt. Pro Ebene sind 19 Wohneinheiten riegelförmig zusammengeschlossen, die sich um eine gemeinsame, großzügige Erschließungs- und Kommunikationsfläche gruppieren. Die Einheiten können flexibel zusammengeschaltet oder entkoppelt werden und bieten je nach Anforderung Wohnraum für 21 bis 38 Bewohner pro Ebene. Die besondere Konfiguration der Grundrisse macht es möglich, dass insgesamt 200 bis 300 Bewohner aufgenommen werden können.

DIE SCHWEBENDEN GÄRTEN

Die acht Ebenen des Aufbaus verbindet ein durchgehender Luftraum. Er ermöglicht zum einen, dass die Erschließungsflächen der Wohnungen natürlich belichtet werden können und ist zum anderen Bestandteil der im Splitlevel arrangierten schwebenden Gärten, die als interner Erschließungsweg und Treffpunkt dienen. Dabei kann jede Gartenebene unterschiedlich gestaltet werden.

DAS RÜCKGRAT

Der Aufbau des Pavillons wird dadurch ermöglicht, dass der bestehende Fahrstuhltrakt durch ein externes Tragwerk ergänzt wird. Das neue Tragwerk entlastet den Bestand und schafft gleichzeitig eine pragmatische Lösung für die Versorgung und Erschließung aller Ebenen. In das Gerüst ein-

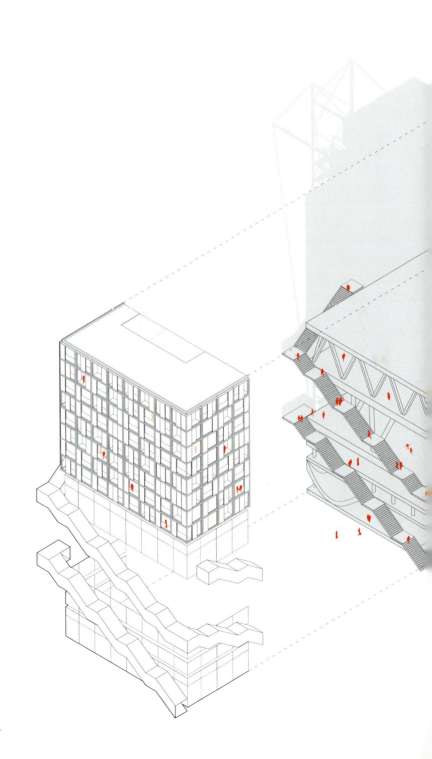

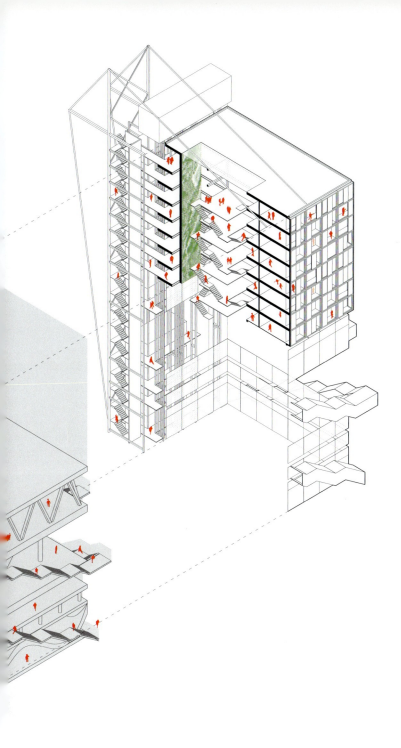

gestellte Boxen bieten Raum für Funktionen wie Sanitär-, Putzmittel- oder Abstellräume. Ein zusätzliches Treppenhaus gewährleistet zudem einen zweiten Rettungsweg.

DER BESTAND

Der Expo-Pavillon der Niederlande aus dem Jahr 2000 in Hannover ist heute eine Architektur mit großem Potenzial, aber ohne Nutzung. Das Architekturbüro MVRDV hat das Raumdefizit der Niederlande zum Thema gemacht. So entstand die markante Schichtung der Ebenen über 36 Meter Höhe und 32 Meter im Quadrat. 15 Jahre nach der Weltausstellung soll der Entwurf dieses Thema neu interpretieren und verdoppelt den Pavillon nahezu durch ein neuartiges Raumkonzept in seiner Höhe und seiner Funktion als Treffpunkt für die Welt.

DIE FASSADE

Der Bestand wird durch eine großflächige Glasfassade ergänzt, sodass der Innenraum über die gesamte Geschossfläche frei belichtet wird und die Verzahnung mit dem Freiraum weiterhin besteht. Die drei Treppen, die sich spiralförmig um den Pavillon legen, werden eingehaust, sodass der Besucher frei von Ebene zu Ebene wechseln kann, ohne den Eindruck zu haben, das Gebäude verlassen zu müssen. Die Fassade der Erweiterung wird durch ein Raster von 4 m x 3,40 m gegliedert, an das sich Loggien mit frei verschiebbaren Elementen anschließen.

WOHNEN WOHNEN

AKTIVITAET
NATUR
BILDUNG
KULTUREN CAFE
ANKOMMEN

Vertikale Nutzungskonzeption

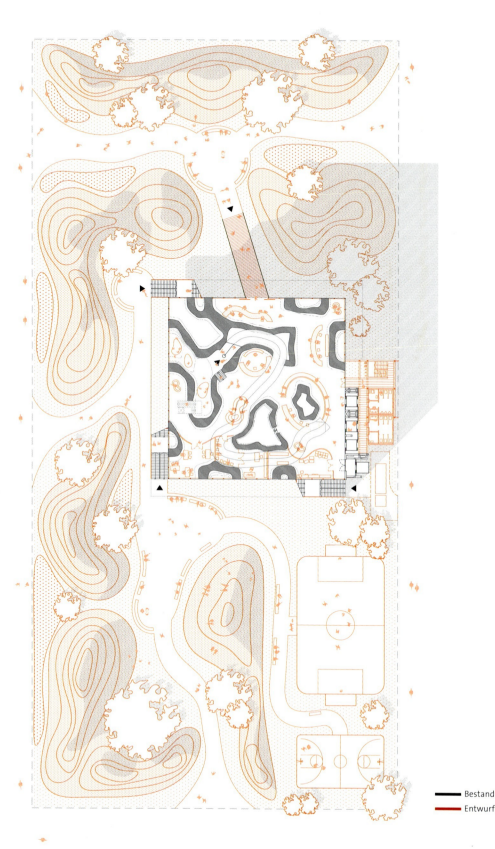

Bestand
Entwurf

Grundriss 00

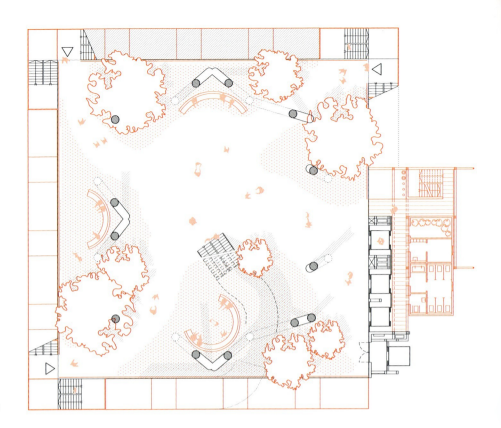

Grundriss 03

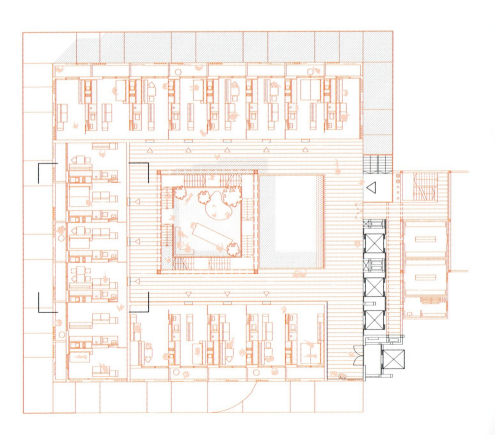

Grundriss 05

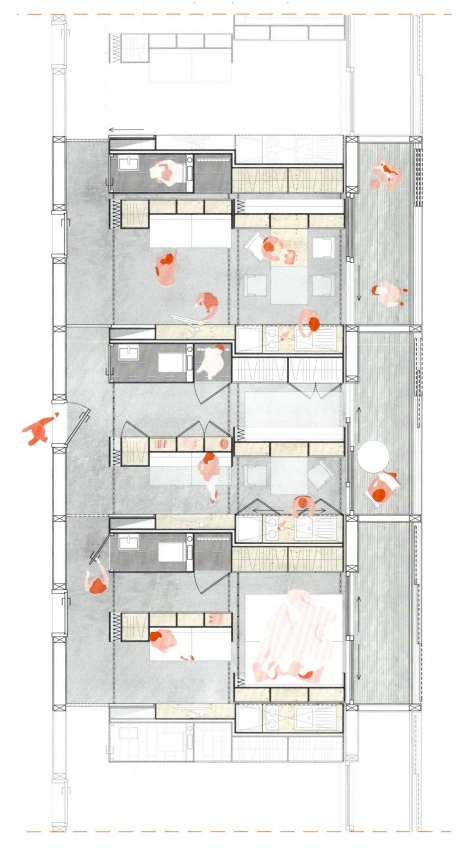

Konzept flexibler Grundriss

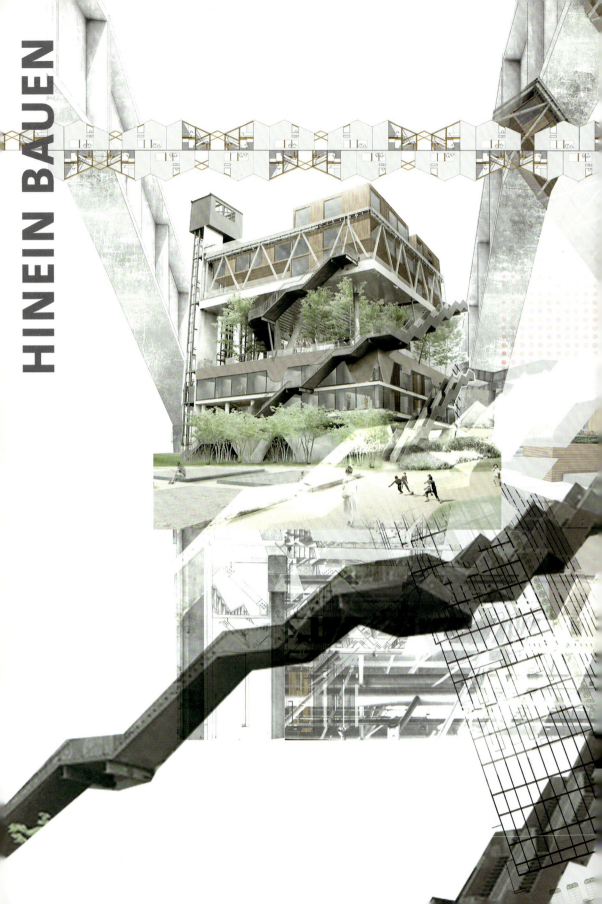

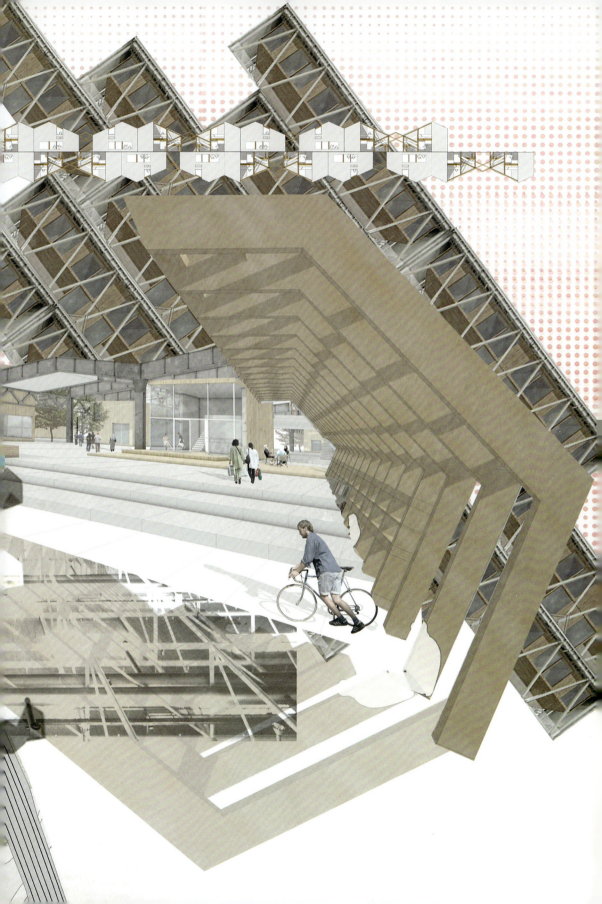

MARTINA FRYBOVA UND MADELEINE MÖLLER

IMPLANTAT

Der holländische Pavillon der Expo 2000 steht seit dem Ende der Weltausstellung leer. Im dargestellten Umnutzungskonzept wird er zu einem integrativen Flüchtlingsheim aus gebaut. Das Gebäude aus gestapelten Landschaften wird geprägt von den außenliegenden Erschließungselementen Treppen und Fahrstuhl. Sie umschließen die unterschiedlich hohen Gebäudeebenen. Durchbrüche in den Ebenen gewähren Durchblicke und räumliche Verbindungen. Das Gebäude wird von Norden über einen Steg betreten. Im Süden ist der Platz der Kulturen angelegt, ein Ort der Begegnung. Im zweiten Obergeschoss werden die ehemaligen zylindrischen Lichträume als Gebetsräume umgenutzt. Das offene Gartengeschoss auf Ebene 3 bildet ein Bindeglied zwischen Wohnen und Freizeit. Die Wohnebenen liegen auf den beiden obersten Ebenen. Ihnen liegt ein Grundmodul von 4,25 m x 4,25 m zugrunde. Diese Grundeinheit dient als Wohnbereich mit kleinem Bad. Durch die Addition der einzelnen Module können unterschiedlich große Wohnkomplexe mit Gemeinschaftsflächen geschaffen werden. Dabei werden die Wohnbereiche immer um einen gemeinsamen Innenhof angeordnet.

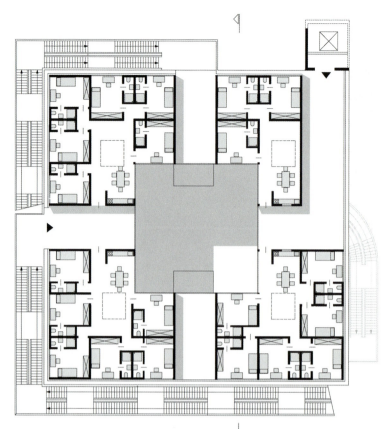

Grundriss 07

Grundriss 03

Schnitt

JAN PHILIPP DRUDE

WOHN[PARK]HAUS

Um Flüchtlinge gesellschaftlich integrieren zu können, ist eine räumliche Integration die wichtigste Voraussetzung. Da dies aufgrund von Platzmangel besonders in den Innenstädten schwierig ist, müssen dafür Nischen gefunden werden. Das Projekt Wohn[Park]haus zeigt exemplarisch an den zwei Beispielen Parkhaus Am Steintor und Parkhaus Nikolaistraße, wie mithilfe eines beweglichen Wohnmoduls ungenutzte Parkdecks aktiviert werden können. Das flexible System reagiert auf wechselnde Bewohneransprüche, indem man Module miteinander verbinden und auch wieder entfernen kann. Da die Module vor Ort aufgebaut werden, verursachen sie keinen aufwendigen Transport. So entsteht im Obergeschoss eine spannende Mischung aus Frei- und Rückzugsräumen, oft mit tollem Ausblick über die Stadt. Die unteren Geschosse können unbehindert weiter als Parkhaus genutzt werden. Der oft simple Aufbau von Parkhäusern erleichtert ein unkompliziertes Installieren von Versorgungsleitungen.

Grundriss

Lageplan

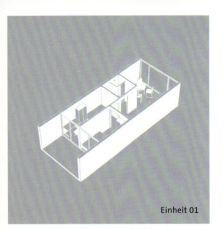

Einheit 01

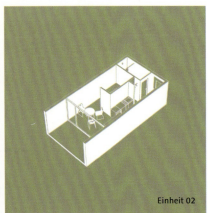

Einheit 02

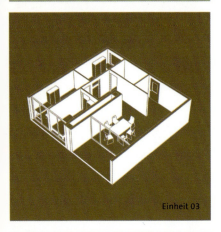

Einheit 03

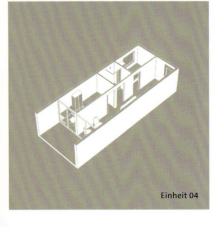

Einheit 04

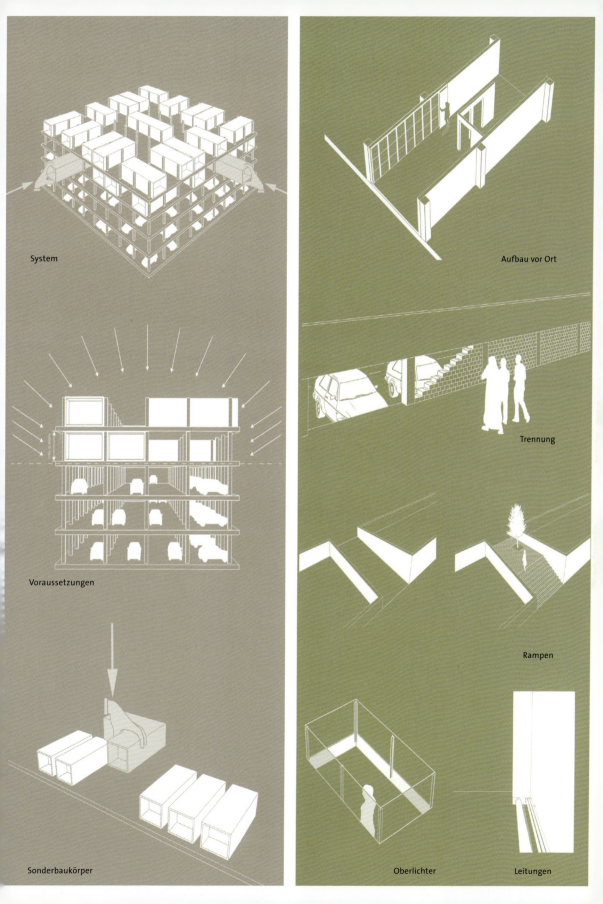

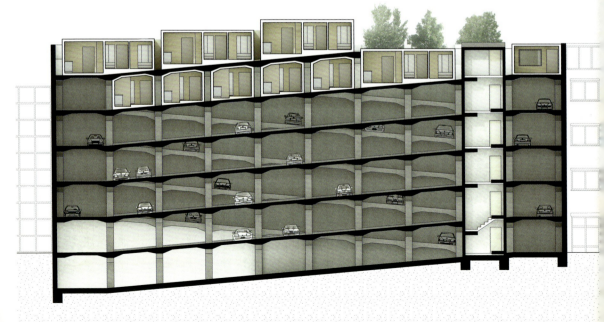
Schnitt

MARINA BIRICH UND RACHEL HOSEFELDER

REFUGEE STATION

Der Güterbahnhof Hannover ist eine seit 18 Jahren brachliegende Industriefläche, die trotz ihrer zentralen Lage und guten Anbindung nach wie vor ungenutzt ist. Durch die Umnutzung zu einer Siedlung für ankommende Flüchtlinge soll das Areal reaktiviert und in das Stadtgefüge integriert werden. Da der Bahnhof in nur wenigen Schritten transformiert wird, kann sehr zeitnah neuer attraktiver Wohnraum geschaffen werden. Ein Großteil des Bestandes bleibt erhalten. Die beindruckende Dachkonstruktion wird als Industriedenkmal freigestellt und die ehemaligen Gleisbetten aufgefüllt und begrünt. Die Wohnmodule aus vorfabrizierten Elementen werden clusterartig auf den ehemaligen Bahnsteigen angeordnet. So entstehen ruhige Höfe und Verkehrsflächen. Die großzügigen Wohnungen sowie die Mischung verschiedener Nutzungen ermöglichen nicht nur eine Unterkunft für Flüchtlinge, sondern gewährleisten auch eine flexible Nachnutzung.

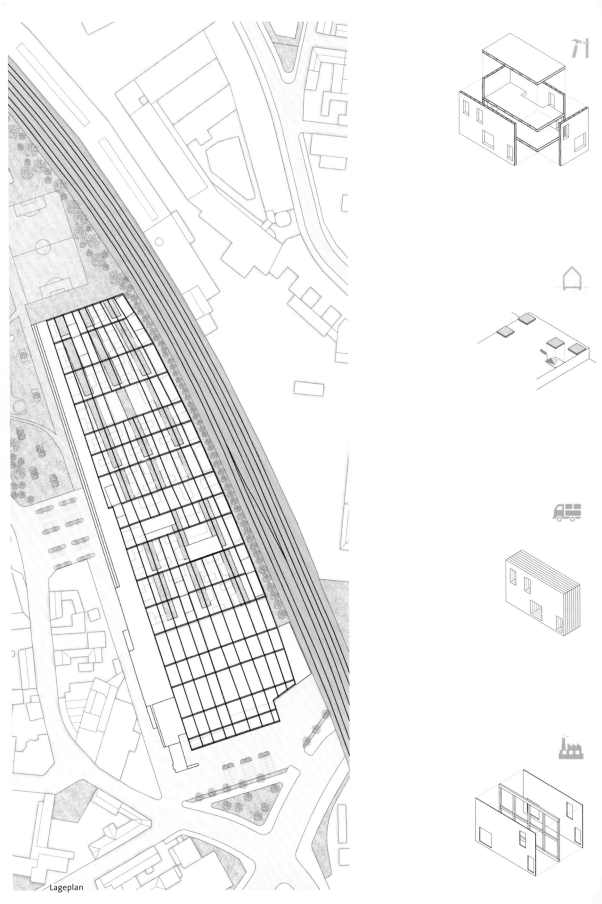

Lageplan

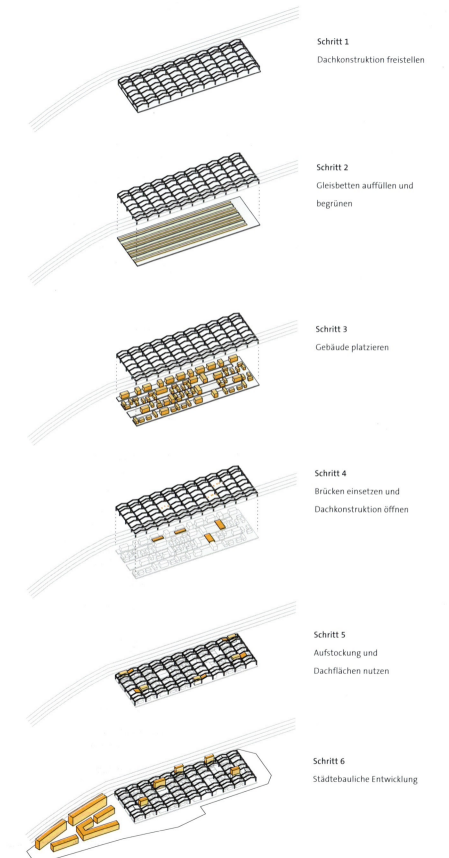

Fassadenschnitt   Gleisbett Bestand   Gleisbett ausgefüllt

Shuang Wang und Yifei Wu

MESSEHALLE 13

Erstunterkünfte sind die erste stabile Begegnung zwischen dem Flüchtling und seiner neuen Heimat. Nach oft traumatischen Erfahrungen bieten sie erstmals wieder Schutz und Ruhe. Dementsprechend sensibel sind die räumlichen Anforderungen, die zu den funktionalen Ansprüchen hinzukommen. Bei der Recherche nach innerstädtischen Räumen für Erstunterkünfte fiel auf, dass 90 Prozent der Messehallen zu 90 Prozent des Jahres ungenutzt sind. Der dargestellte Entwurf zeigt, wie diese Leerstände bei Bedarf durch ein schnell aufbaubares Modulsystem nutzbar gemacht werden können, um Flüchtlingen bis zu ihrem Umzug in eine feste Bleibe nach circa drei Monaten eine menschenwürdige Unterkunft zu bieten. Da die Messehallen bereits über Wärmedämmung und Feuchtigkeitsschutz verfügen, können die Häuser schnell und günstig errichtet werden. Erste Lösungsansätze für Problematiken wie Beleuchtung, Belüftung und Schallschutz sind in diesem Entwurf, dessen Schwerpunkt auf der Raumstruktur liegt, einbezogen. Es entsteht eine ruhige Nachbarschaft mit privaten Räumen, deren Bewohner bei Bedarf auch an gemeinsamen Aktivitäten teilnehmen können.

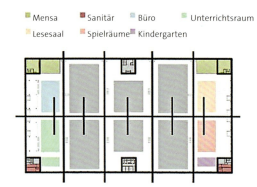

Nutzung

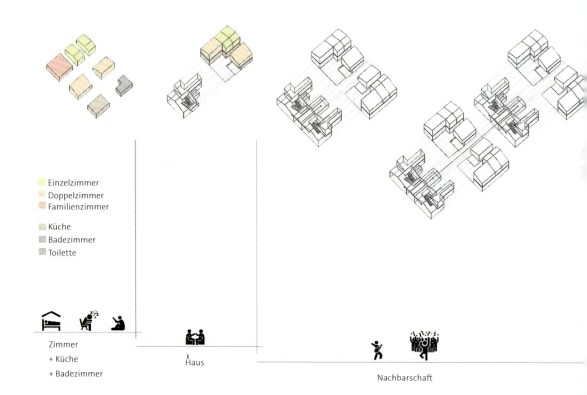

- Einzelzimmer
- Doppelzimmer
- Familienzimmer

- Küche
- Badezimmer
- Toilette

Zimmer
+ Küche
+ Badezimmer

Haus

Nachbarschaft

Grundriss 00

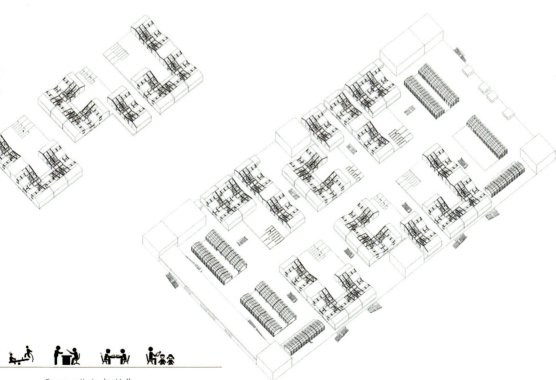

Community in der Halle

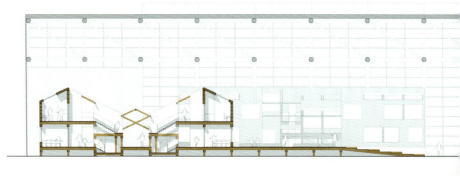

167

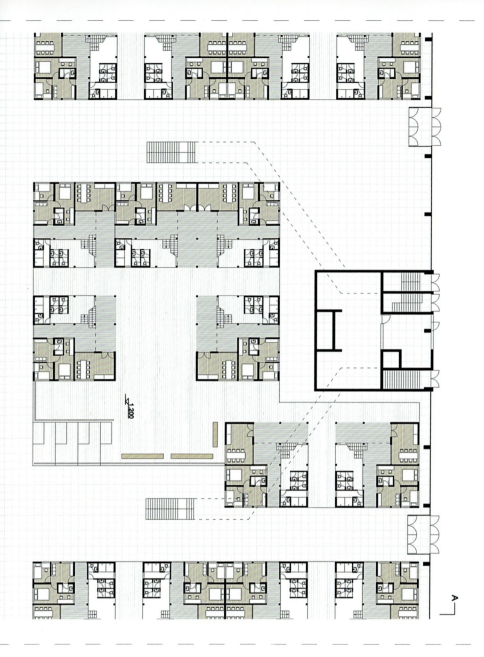

Grundriss 00

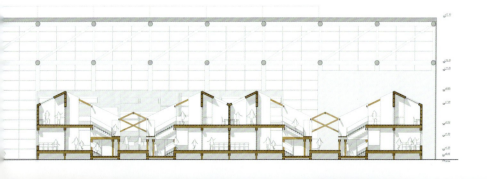

Schnitt A

ZWISCHEN BAUEN

NELLI SEIBEL UND GEORGIOS STAVROPOULOS
BUNTE LÜCKE

Das Projekt sieht die Bebauung schmaler Durchfahrtslücken vor, welche in nahezu allen Städten vorkommen. Diese Lücken weisen ein großes Potenzial auf, da sie durch ihr Vorkommen im bereits etablierten Stadtgefüge an bestehende Infrastrukturen angebunden sind.
Die Lücken, welche in ihrer Breite variieren (2,5 bis 5 Meter), werden größtenteils mit Wohneinheiten verschiedenster Größe gefüllt. Ausgewählte Lücken beherbergen als Sondereinheiten die Kinderbetreuung, die Verwaltung, aber auch Sprachkurs- und Seminarräume.
Durch die weitläufige Verteilung der einzelnen Einheiten des Projektes im städtischen Raum wird die Inklusion aktiv gefördert und einer Ghettoisierung entgegengewirkt. Die Bewohner müssen das Haus verlassen und treten in Kontakt mit der Stadtgesellschaft. Sie werden Teil eines funktionierenden Stadtteils.
Da in Zeiten geringeren Migrationsaufkommens die Wohneinheiten auch an Studenten und Singles vermietet werden können, wird auch eine gewisse Nachhaltigkeit gewährleistet.

Lageplan

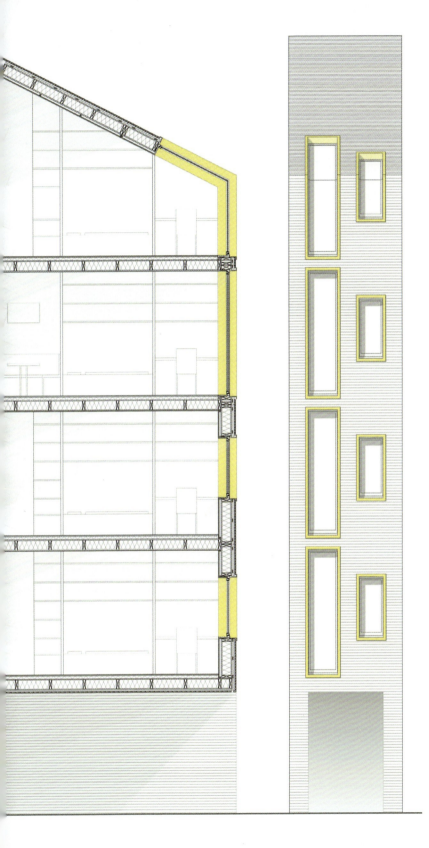

Regelaufbau Deckenplatte

von oben nach unten

Fußbodenbelag, Parkett
Sperrholzplatte
Trittschalldämmung
Sperrholzplatte
Dämmung, Mineralfaserwolle
Sperrholzplatte
Deckenverkleidung, Furnierholz

Regelaufbau Wandelement

von innen nach außen

Innenputz
Gipskartonplatte
Dämmung, Mineralfaserwolle
OSB-Platte
Dämmung, Mineralfaserwolle
DWD-Platte
Lattung
Konterlattung
Verkleidung, vorgefertigtes und vorgehängtes Fassadenelement

Fassadenschnitt und
Fassadenansicht

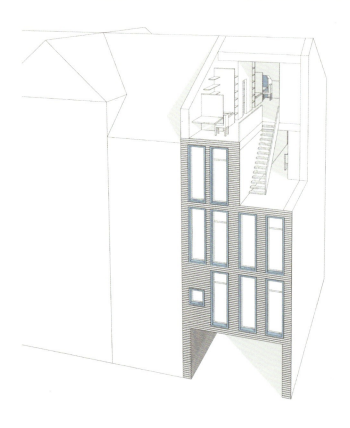

Baustein Wohnen 01

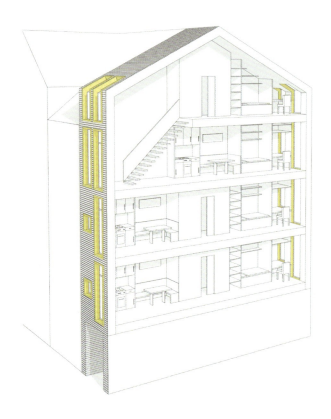

Baustein Wohnen 02

Baustein Supermarkt und Garten

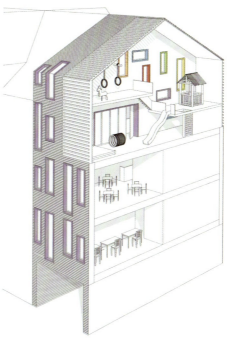

Baustein Kindergarten

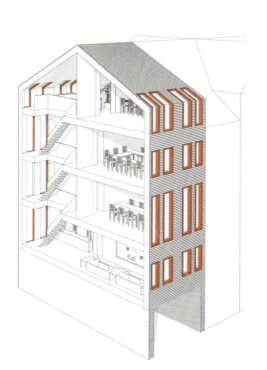

Baustein Seminar

MARC GLUGLA

FILL THE GAPS

„Fill the Gaps" ist ein Konzept zur flexiblen Nutzung von Baulücken. Eine einfache Struktur in Stahlbauweise dient als Trag- und Haltestruktur. Wie in einem flexiblen Regal können Wohnmodule, Bodenplatten, Treppen und Begrünungsmodule eingesetzt werden. Da alle Bauteile vorgefertigt werden, ist der Bau sehr schnell zu realisieren. Trotz der Einfachheit sollen kommunikative und qualitativ hochwertige Wohnräume geschaffen werden. Die Wohnraummodule in Holzbauweise enthalten die privaten Wohnräume wie Küche, Schlafzimmer und Sanitärbereich. Die Freiräume dazwischen dienen der Begegnung und Erschließung. Werden die Wohnräume nicht mehr benötigt, können sie einfach entfernt und durch eine andere Nutzung, zum Beispiel vertikale Gärten, ersetzt werden. Für eine gute Integration der Flüchtlinge ist wichtig, dass ein Teil der Wohnungen für den regulären Wohnungsmarkt bereitgestellt wird. Mit einer kompletten Hülle kann die Struktur zum Beispiel als Bürogebäude umgenutzt werden.

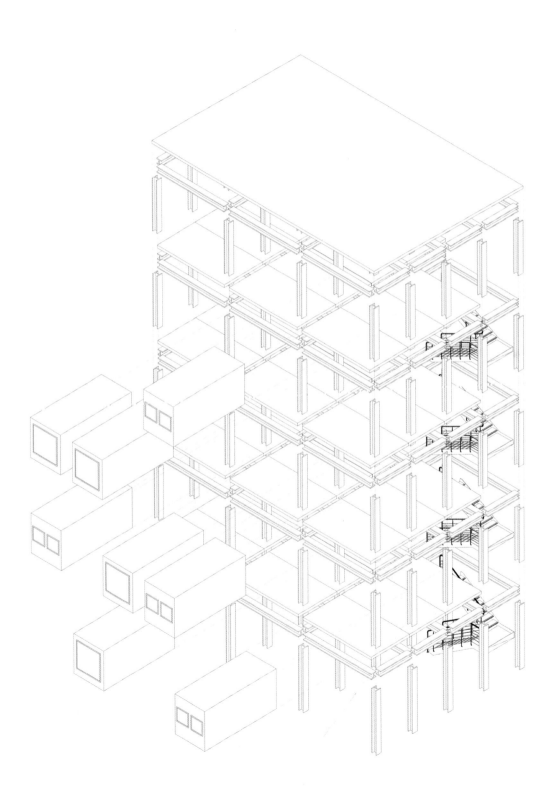

Konstruktionsprinzip

Bauteile

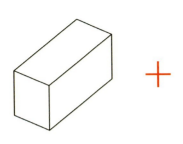
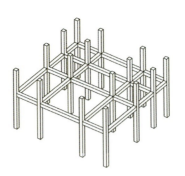

Wohnräume

Die privaten Räume (Schlafen, Küche, Sanitär) befinden sich in Containern in Holzbauweise, denen die Maße eines handelsüblichen Containers zugrunde liegen.

Tragstruktur

In Stahlbauweise wird eine Tragstruktur errichtet, die alle weiteren Bauteile aufnimmt. Sie funktioniert wie ein Regal und bleibt flexibel.

Bauteilelemente

Sämtliche Decken, Treppen etc. können ebenso wie die Container, Stützen und Träger vorgefertigt und direkt auf der Baustelle zusammengesetzt werden.

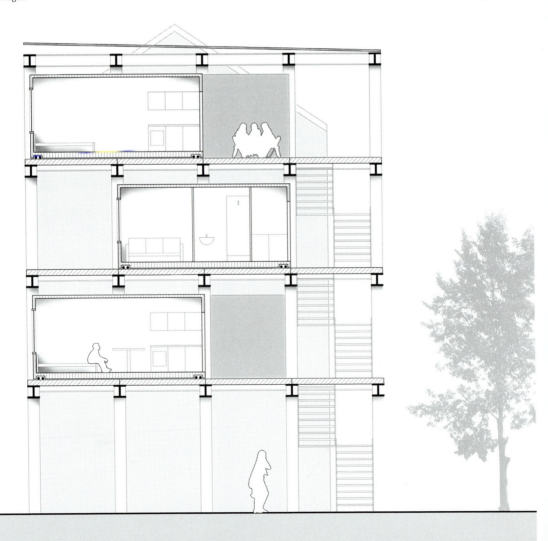

Schnitt

Ordnungsprinzip   Flächeneinteilung

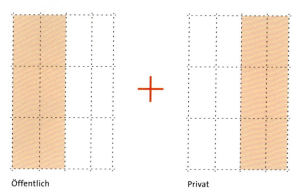

Konstruktionsraster
Das Rastermaß basiert auf den Abmessungen eines Standard-20-Fuß-Containers.

Öffentlich

Privat

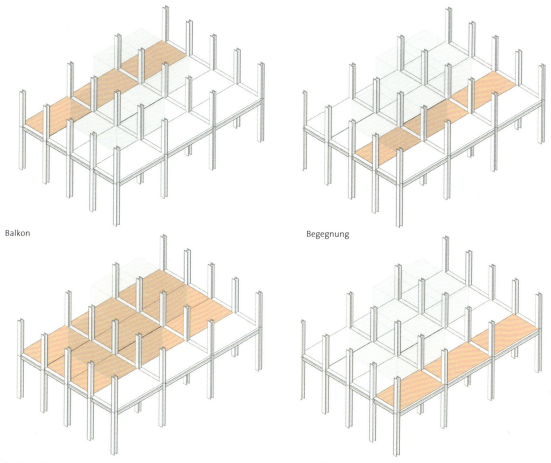

Balkon

Begegnung

Wohnungen

Erschließung

Private und öffentliche Bereiche

MOBIL BAUEN

ALINA SCHILMÖLLER UND FRANZISKA SCHUMACHER

WIR WOHNEN IM ZUG

Nach einer langwierigen, beschwerlichen Flucht aus Ländern, die durch Krieg und Armut gezeichnet wurden, ist es für Flüchtlinge wichtig, in einer fremden Stadt ein neues Zuhause zu finden. Genau dies versucht das Konzept „Wir wohnen im Zug – Ankommen in Hannover" den Flüchtlingen zu ermöglichen. Als neues Zuhause dient der alte Güterbahnhof der Nordstadt. Der Bahnhof steht seit vielen Jahren leer und findet keine Nachnutzung, obwohl er als eine Art Wahrzeichen des Stadtteils betrachtet wird. Die Flüchtlinge kommen in umgebauten Waggons unter, die vollkommen freie und modulare Grundrisse für jede Familienkonstellation zulassen. Auch Nutzungen wie Kindergärten, Ärzte und Seminarräume werden in Zügen untergebracht. Ebenso werden Grünräume auf Flachwagen inmitten der Wohnwaggons platziert, um in den Freiräumen und auf den Gleisen Aufenthaltsqualitäten zu schaffen. Ein weiterer großer Vorteil des Konzeptes liegt darin, dass es überall Anwendung finden kann. In beinahe jeder großen Stadt befinden sich leerstehende Bahnhöfe oder brachliegende Gleise, die für das Konzept genutzt werden können.

Übertragbarkeit

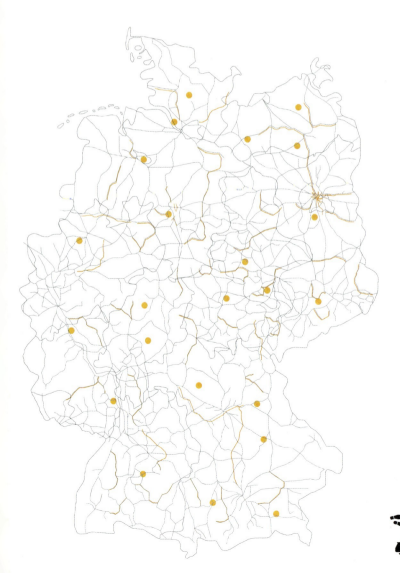

Verlassene Bahnhöfe in Deutschland

Rahmenbedingungen für Auswahl der Bahnhöfe

Lageplan

Grundriss 00

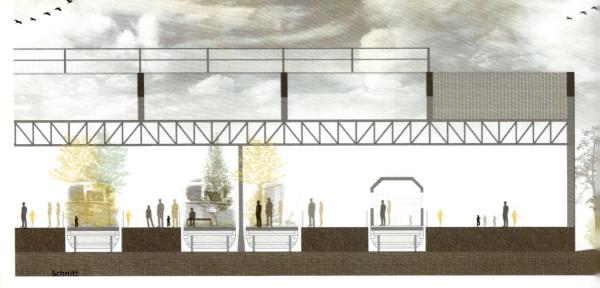

Schnitt

Grünraume

Sprachunterricht und Schule

Kindergarten

Wohnräume

Spielplätze

Nutzungsmöglichkeiten Waggons

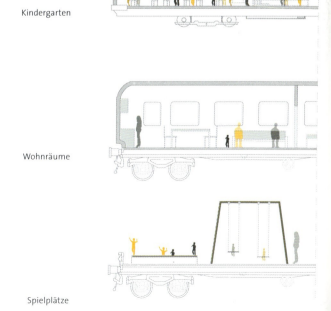

Schritt 1

Öffnen des bestehenden Daches für mehr Lichteinfall und Wohnlichkeit

Schritt 2

Einfahren der währenddessen umgebauten Waggons

Schritt 3

Sortieren der Waggons in kleinen Dörfern und Gemeinschaften

Schritt 4

Die Waggons können nach Ab- und Anreise der Flüchtlinge getauscht werden

Schritt 5

Der Bahnhof hat eine feste Siedlungsstruktur erhalten und beherbergt langfristig Flüchtlinge und Hannoveraner

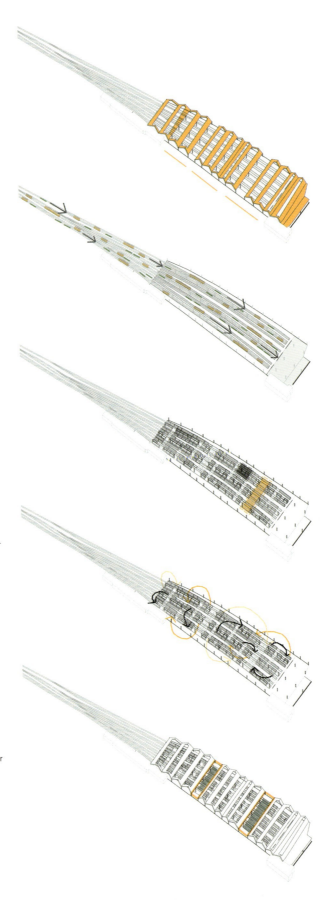

Wohnungen
in verschiedenen Einheitsgrößen

Nebennutzungen
Kindergärten, Seminar, Ärzte und Bibliotheken

CONSTANTIN TIBOR BRUNS

FLOATING HOUSES

Sucht man mögliche Standorte für ein Flüchtlingsheim in Hannover, bieten sich die innerstädtischen Wasserflächen an, die ausreichend Platz und vielfältige Qualitäten bieten. Ehemalige Binnenschiffe stehen günstig zur Verfügung und bieten eine gute Basis zum Ausbau. Dieser Ansatz ist auf viele Städte weltweit übertragbar. Ein altes ungenutztes Binnenschiff bietet unter Deck genügend Platz für die benötigten technischen Einrichtungen, um das Boot bis zu einem bestimmten Grad autark zu machen. Flusswasser kann über Filteranlagen aufbereitet werden, Schmutzwasser mittels Mini-Biokläranlagen gereinigt werden, für die Stromversorgung werden Photovoltaik, Windenergie, aber auch die Strömungsenergie des Gewässers genutzt. Abhängig von der Größe des Gewässers können mehrere Gebäudekörper eingesetzt werden. Jeder Gebäudekörper setzt sich immer aus zwei Häusern mit privatem Wohnraum und einem Gemeinschaftsbereich mit Küche und Wohnraum zusammen. Der Gemeinschaftsbereich ist nur von einem Stahlgerüst umgeben, welches mit Polycarbonat-Doppelstegplatten verkleidet ist. Durch diese Leichtbauweise werden Sichtbezüge zwischen Innen- und Außenraum hergestellt.

Potenzial Standort Flüsse und Gewässer

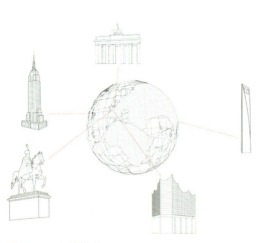

Aus Hannover in die Welt

Die fünf längsten Flüsse der Welt

Nil	6852 km
Amazonas	6448 km
Jangtsekiang	6380 km
Mississippi	6051 km
Jenissei	5540 km

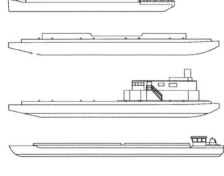

Binnenschifftypen

Unterschiedliche Typen als mögliche Grundlage für die Floating Houses

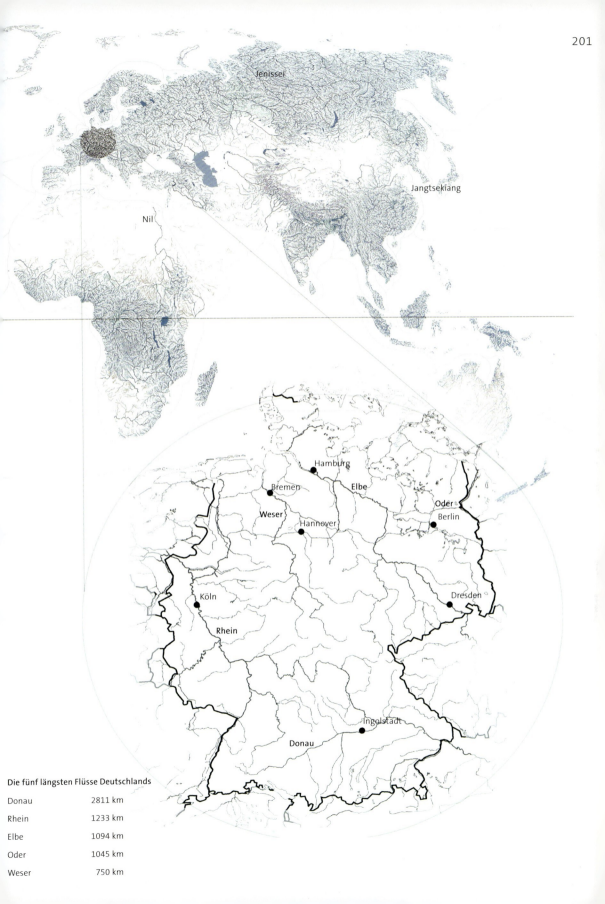

Die fünf längsten Flüsse Deutschlands

Donau	2811 km
Rhein	1233 km
Elbe	1094 km
Oder	1045 km
Weser	750 km

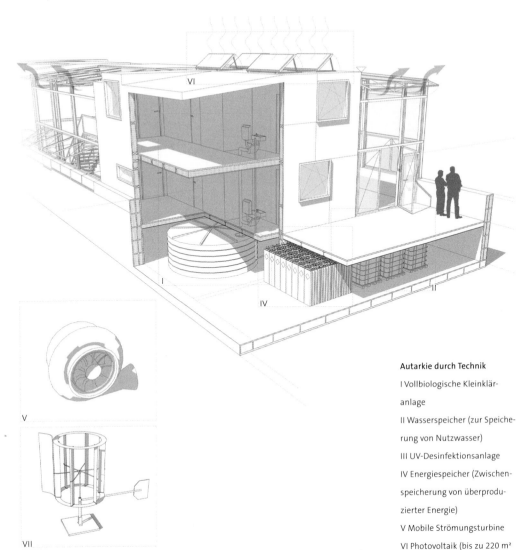

Autarkie durch Technik

I Vollbiologische Kleinkläranlage

II Wasserspeicher (zur Speicherung von Nutzwasser)

III UV-Desinfektionsanlage

IV Energiespeicher (Zwischenspeicherung von überproduzierter Energie)

V Mobile Strömungsturbine

VI Photovoltaik (bis zu 220 m² nutzbare Dachfläche)

VII Vertikale Windkraftanlage

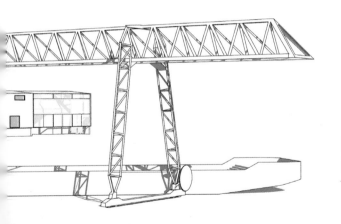

Umnutzung alter Binnenschiffe

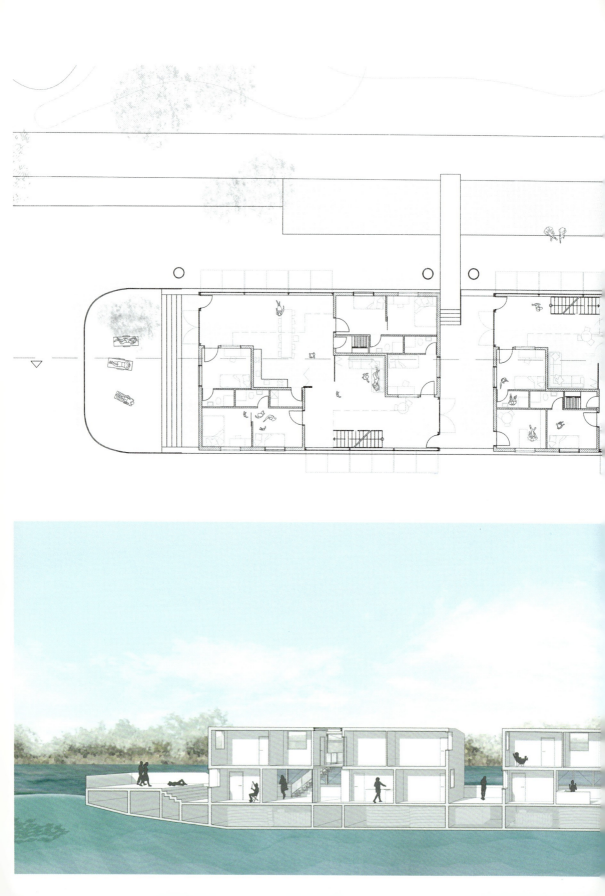

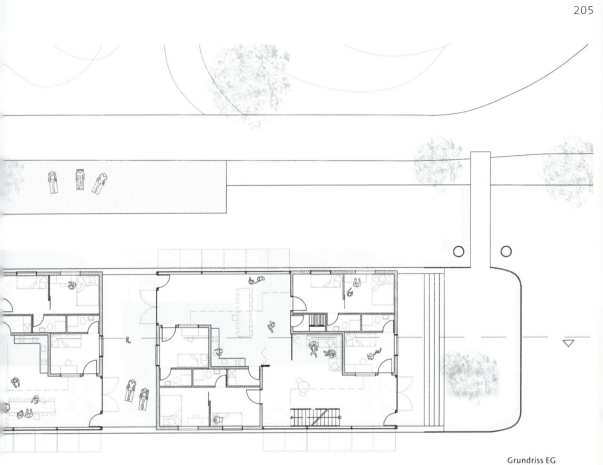

Grundriss EG

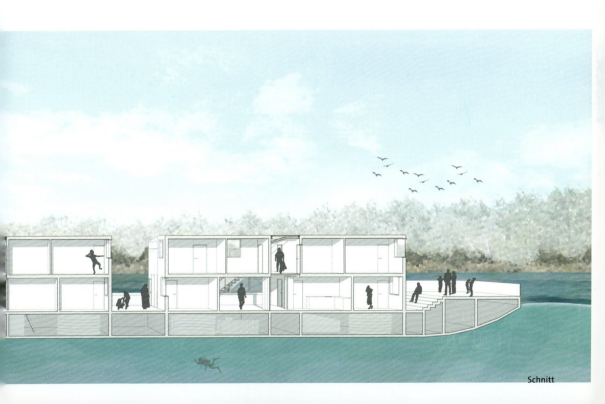

Schnitt

NEU BAUEN

SIMON RONSTEDT UND ALEKSANDRA WALCZAK

WIN

Das Projekt soll Flüchtlinge mit heimischen Bewohnern zusammenbringen, ihnen Wohn- und Begegnungsraum bieten und somit Integration aktiv vorantreiben. Dies soll auch städtebaulich erkennbar sein. Hannover ist als typisch europäische Stadt nach dem Prinzip „Straße – Platz – Block" organisiert. Der Entwurf gliedert sich als das „fehlende Puzzlestück" in diese Struktur ein, anstatt sich hervorzuheben. Die Flüchtlingswohnungen sind im Projekt verteilt, um eine maximale Durchmischung und damit Integration zu gewährleisten. Sowohl im Hof, welcher auch der Nachbarschaft offen steht, als auch auf den halböffentlichen Dachgärten soll Begegnung stattfinden. Durch minimierten Platzbedarf kann bei fast 50 Prozent Flüchtlingsanteil bei nur etwa 25 Prozent der Gesamtwohnfläche die Möglichkeit der Mitfinanzierung der Flüchtlinge durch die heimischen Bewohner geschaffen werden. Als Gegenleistung steht diesen ein breites Spektrum an kulturellen und sozialen Angeboten kostenlos zur Verfügung: eine Wohnform, welche Vorurteile abbaut und Integration belebt.

Fragestellung

Für alle — Klein — Temporär — Umbau/Umnutzung — Billig

oder

Nur für Migranten — Groß — Dauerhaft — Neubau — Teuer

Regulärer Wohnungsbau
30 Prozent Flüchtlinge
Finanzierung durch Mieter
Nachhaltig und integrativ

Unabhängiger Neubau
Nur für Flüchtlinge
Freie Organisation
Baulücke/kleines Grundstück

Umnutzung großer Hallen
Temporär
Sehr viele Plätze
Günstig

Umbau von Bestand
Nachhaltig
Temporär oder dauerhaft
Günstig

Regelzustand

Flüchtlingsheime außerhalb der Stadt

Wohnungen getrennt

Isolation

Vision

Flüchtlingsheime innerhalb der Stadt

Wohnungen gemischt

Integration

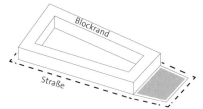

Die europäische Stadt

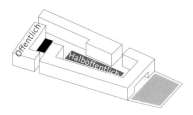

Raumteilung

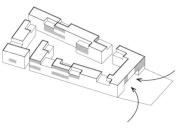

Integration der Flüchtlingswohnungen

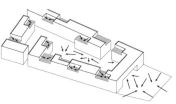

Begegnung

Schnitt

SVEN PETERSEN

HINTERHOF

Der Entwurf beschäftigt sich exemplarisch mit der partiellen Nachverdichtung von un- oder untergenutzten Flächen in vermeintlich dichteren Bereichen der Stadt am Beispiel eines Blockrandinnenhofes in Bremen. Ein Blockrand besitzt hierbei deutlich mehr Flexibilität für nachträgliche Aneignung als großflächige Wohnquartiere. Nach dem Motto „Garage als Wohneinheit" wurden durch verschiedene Setzungen von Kuben Nachbarschaftsverhältnisse überprüft und bestehende Strukturen ergänzt. Die einzelnen klaren Kuben werden gestapelt und definieren den amorphen Zwischenraum. Während der Kubus als abgeschlossener Individualraum verstanden wird, dient der Zwischenraum als Gemeinschaftsfläche und Nahtstelle der Bewohner. Es entstehen also, trotz vieler gleichgroßer Räume, individuelle Wohnungen, die jedem Benutzer einen Rückzugsort garantieren und dennoch die Interaktion aller Bewohner fördern. Die Flexibilität des Systems ermöglicht eine Anpassung des Raums an wechselnde Wohn- und Lebensbedürfnisse.

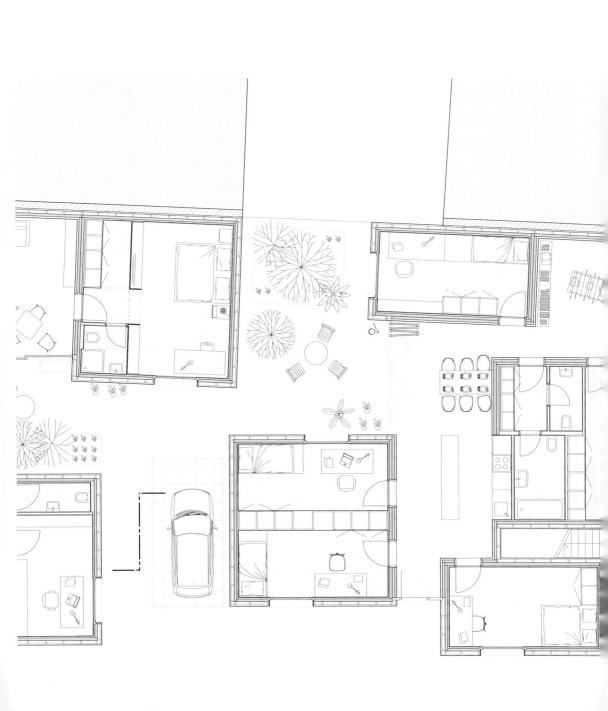

Entwurfsgebiet

Außen und Innen

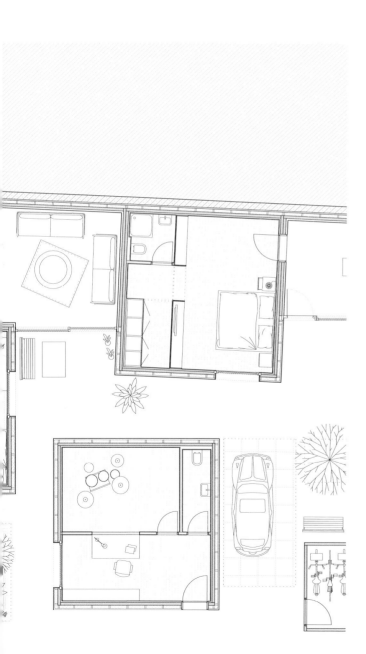

Addition

Wegabfolge Bestand

Grundrissausschnitt

Wegabfolge Entwurf

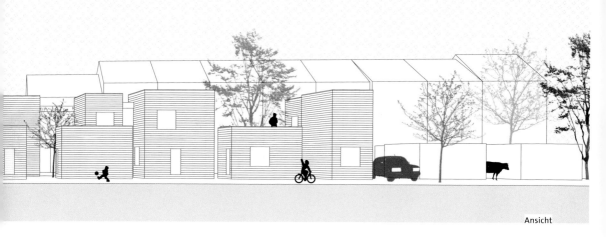

Ansicht

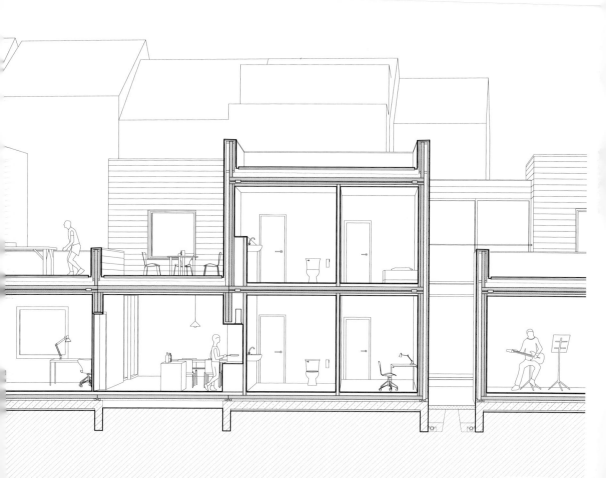

Längsschnitt

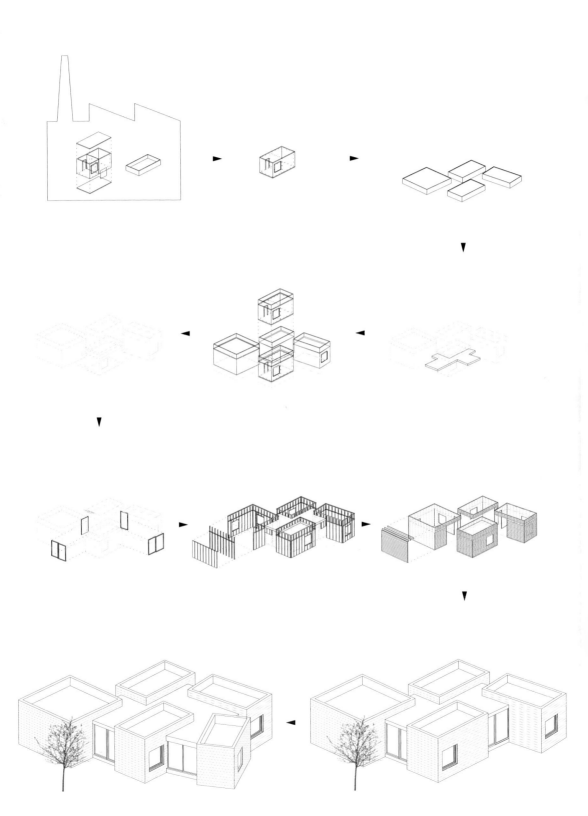

Konstruktionsprinzip

VALENTINA FORSCH

MY SCHREBERGARTEN

Basierend auf dem Potenzial der grünen Stadt Hannover, wird ein Teil der Kleingartenanlagen für die Unterbringung von Flüchtlingen genutzt. Dabei liegen die Vorteile des Kleingartens klar auf der Hand: Die Erholung im eigenen Garten, mit der Möglichkeit der Selbstversorgung, erlaubt gleichzeitig die Nutzung der kompletten städtischen Infrastruktur, wie des öffentlichen Verkehrs, von Bildungseinrichtungen, ärztlichen und religiösen Institutionen. Durch die Inklusion in die Kleingartengemeinschaft und die Partizipation in der Stadt wird die Integration der Flüchtlinge angeregt. Der Austausch über den Gartenzaun stellt eine soziale Interaktion her, die ein Stück wiedergewonnene Heimat in einem nachbarschaftlichen Miteinander entstehen lässt. Der Entwurf beschäftigt sich mit einer raumoptimierten Bauhütte für vier Personen. Diese soll in vielfacher Ausführung auf die Kleingartenkolonien verteilt werden und sich als Implantat konzeptionell die Parzelle mit bestehenden Hütten teilen oder unbebaute Flächen nutzen. Home is where my Schrebergarten is.

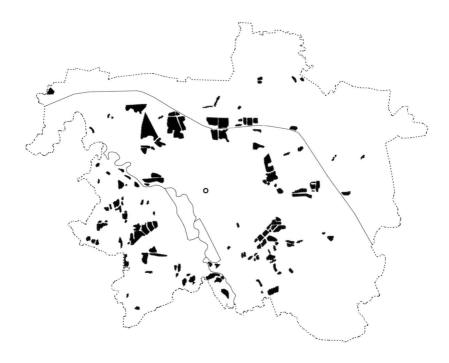

Verteilung der Flüchtlinge in Hannover

20 063 Kleingärten gesamt

14 232 auf städtischem Grundbesitz

~90 Prozent durch Bebauungspläne langfristig gesichert

266 Kolonien [102 Kleingartenvereine]

wenn ein Prozent der Kleingärten durchschnittlich vier Flüchtlinge aufnehmen

▷ 802 Flüchtlinge

Verteilung der Flüchtlinge in Deutschland

1, 24 Millionen Kleingärten gesamt

wenn ein Prozent der Kleingärten durchschnittlich vier Flüchtlinge aufnehmen

▷ 49600 Flüchtlinge

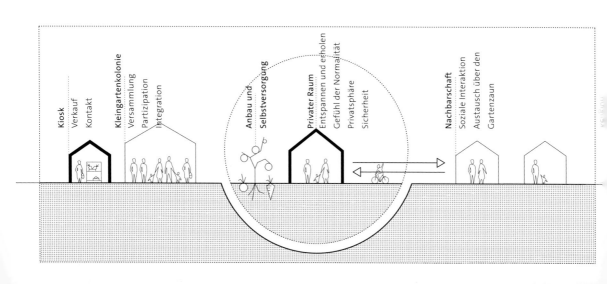

231

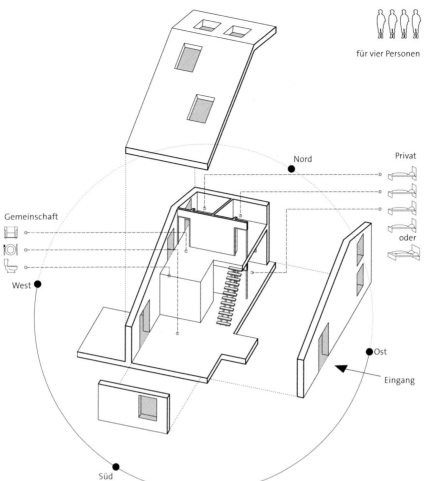

für vier Personen

Die Bauhütte

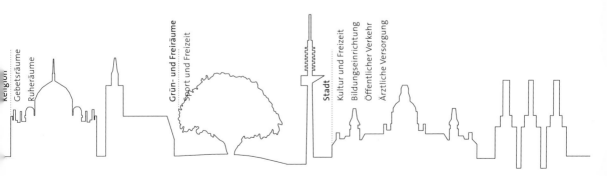

Integrationskonzept

Erforderliche Gesetzesänderung

Bundeskleingartengesetz (BKleingG)
§ 3 Kleingarten und Gartenlaube
(...) (2) Im Kleingarten ist eine Laube in einfacher Ausführung mit höchstens 24 Quadratmetern Grundfläche einschließlich überdachtem Freisitz zulässig. Sie darf nach ihrer Beschaffenheit, insbesondere nach ihrer Ausstattung und Einrichtung, <u>nicht zum dauernden Wohnen</u> geeignet sein. (...)

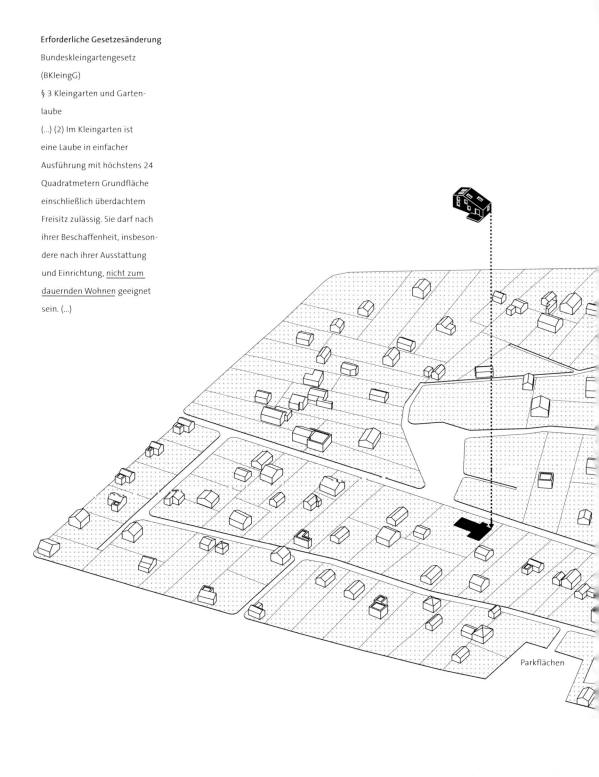

Parkflächen

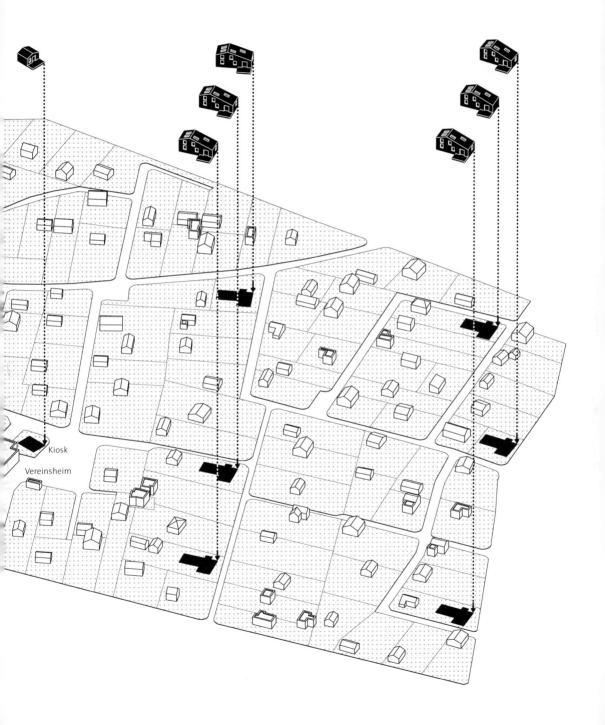

Kleingartenkolonie „Lindener Alpen"

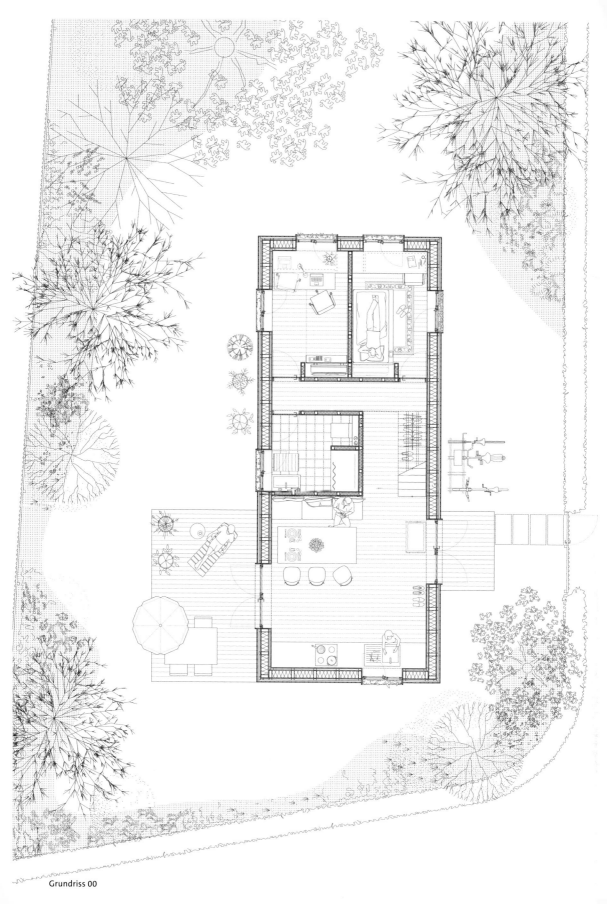

Grundriss 00

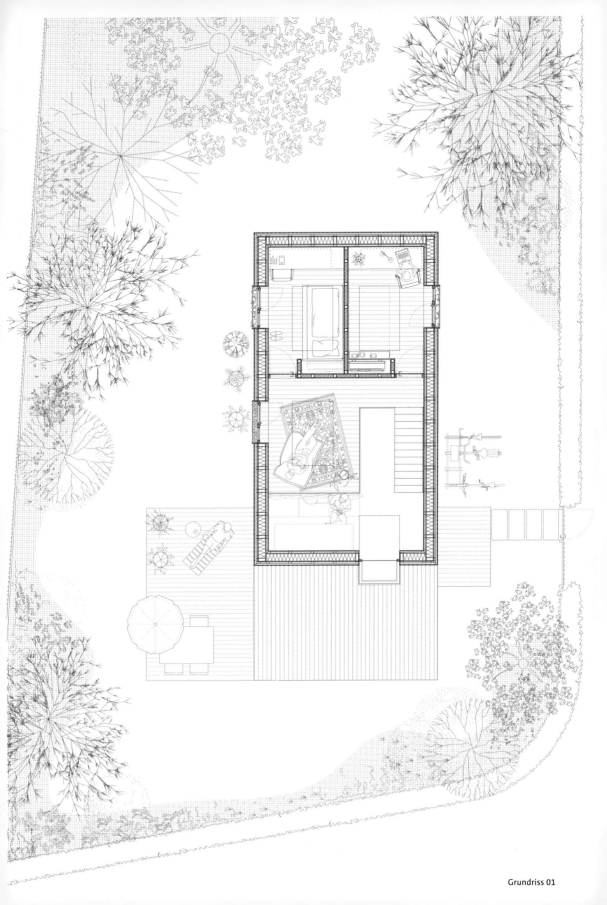

Grundriss 01

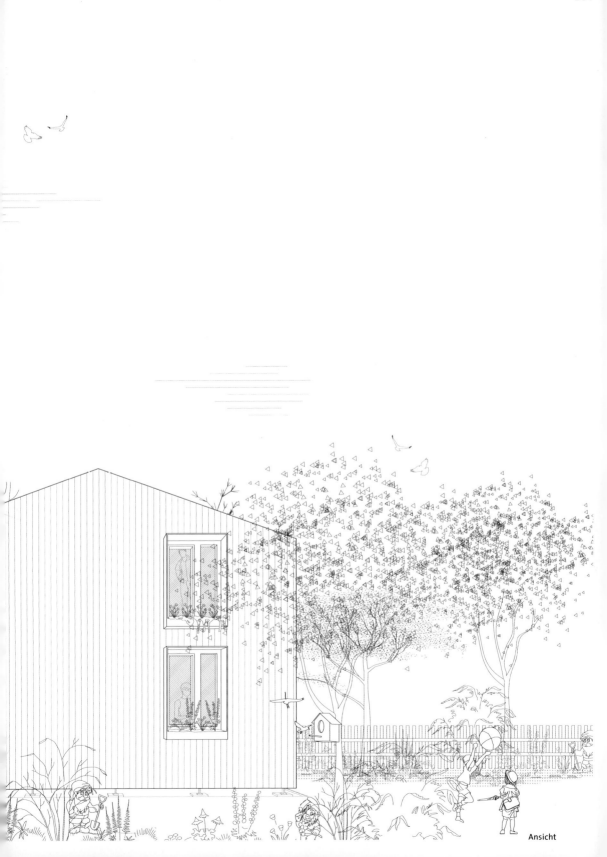
Ansicht

Aufbau Dach

Nut- und Federbretter, Lärche

Konterlattung

Lattung

Dichtungsbahn

Sparren mit Zwischensparren-
dämmung, Steinwolle

Diffusionsdichte Schicht

BFU-Platten

Lattung, Installationsebene

Innenbekleidung, zementge-
bundene OSB-Platten

Aufbau Außenwand

Nut- und Federbretter, Lärche

Konterlattung

Lattung

Holzwerkstoffplatten

Stiele und Schwelle mit Zwi-
schendämmung, Steinwolle

BFU-Platten

Feuchteschutz

Lattung, Installationsebene

Innenbekleidung, zementge-
bundene OSB-Platten

Aufbau Geschossdecke

Bodenbelag, Fertigparkett

Estrich auf Trennlage

Trittschalldämmung

Hauptträger mit Zwischen-
dämmung, Steinwolle

Innenbekleidung, zementge-
bundene OSB-Platten

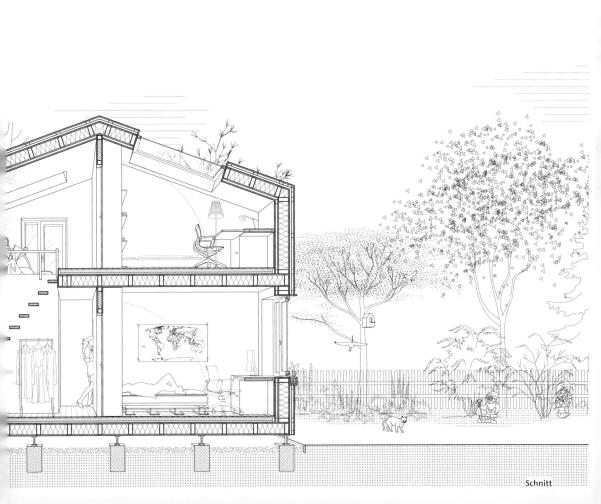

Schnitt

JÖRG FRIEDRICH

DANK UND AUSBLICK

In diesem Buch werden Ideen und Vorschläge zur Lösung des Unterbringungsproblems für Asylbewerber und Flüchtlinge zur Diskussion gestellt. Engagierte Bürger aus Hamburg und Hannover, Förderer aus der Bauindustrie in Bayern und das Arbeits- und Sozialministerium in Niedersachsen haben die Produktion des Buches dankenswerterweise großzügig unterstützt. Entstehen konnte die Publikation jedoch nur durch die engagierte und mitreißende Vorarbeit der Studentinnen und Studenten in den Entwurfsseminaren an der Fakultät für Architektur und Landschaft an der Leibniz Universität in Hannover. Danken möchte ich weiter allen wissenschaftlichen Mitarbeiterinnen und Mitarbeitern für die intensive und inspirierende Betreuung der Studierenden während der Entwurfs- und Forschungsphase. Dank geht an alle Autorinnen und Autoren der Textbeiträge, an den Architekturfotografen Klaus Frahm aus Hamburg für seine großzügig zur Verfügung gestellten, beeindruckenden Fotografien von Flüchtlingsunterkünften in Hannover. Dank geht an Kathrin Schmuck für die professionelle Buchgestaltung sowie an Lena Kallweit für ihre eindrucksvollen Bildcollagen und an das studentische MitarbeiterInnenteam um Valentina Forsch, Maike Adolf, Alina Schilmöller und Constantin Bruns. Mein besonderer Dank geht an die Mitherausgeber um Simon Takasaki und Peter Haslinger mit Oliver Thiedmann und Christoph Borchers, die im weiteren Verlauf nach den aufwändig betreuten Entwurfsseminaren an der Erstellung des Buches bis zu seinem Erscheinen unermüdlich inhaltlich mitgearbeitet und Grafiken, Zeichnungen und Texte intensiv mitgestaltet und immer weiter verbessert haben.
Ohne diese vier kritischen, kreativen und optimistischen Mitherausgeber hätte es nie das Konzept für diese zum Nach-

denken anstiftende Architekturpublikation gegeben; die vielen Anregungen durch den Verleger Jochen Visscher und das engagierte Lektorat von Philipp Sperrle haben dazu beigetragen, das Konzept zum Buch werden zu lassen.
Ein erster Schritt ist mit der vorliegenden Publikation über neue Flüchtlingsarchitekturen am Beispiel Hannover bereits getan. Wie kann es mit der Umsetzung in die Realität weitergehen, wie können wir das „Recht auf Architektur" für Flüchtlinge in Deutschland sichtbarer machen?
Konzepte aus dem Buch sollen in einem nächsten Schritt als Prototypen in reale „Architekturen des Ankommens" umgesetzt werden. Die experimentellen Bauten sollen auf dem Fakultätsgelände in Hannover realisiert und bewohnbar gemacht werden. Wir wollen der Politik vorgreifen und Wege für eine menschenwürdige „Architektur des Ankommens" für Flüchtlinge als sinnvolle, neue Architekturform für die Stadtentwicklung im 21. Jahrhundert aufzeigen: „Schickt uns mehr Flüchtlinge, bitte!" fordern wir als Herausgeber.
Denn: Alle fremden Menschen können nur eine Bereicherung für die europäische Stadt des 21. Jahrhunderts sein, im menschlichen Miteinander, über den gegenseitigen kulturellen Austausch zwischen Einheimischen und Dazugekommenen, über die neue Architektur – auch für die räumliche Entwicklungsqualität der Stadt.
Wir haben in einem ersten Schritt Ideen dazu entwickelt. Jetzt brauchen wir erneut engagierte Bürger, Förderer und – vor allem – politisches Handeln. Wir brauchen Sponsoren und Institutionen, die Interesse daran finden, dass die neuen Bilder des menschenwürdigen Wohnens für Flüchtlinge weiterentwickelt und in reale Architekturen umgesetzt werden können.

KURZBIOGRAFIEN

Dipl.-Ing. Christoph Borchers ist seit 2012 wissenschaftlicher Mitarbeiter am Institut für Entwerfen und Gebäudelehre an der Leibniz Universität Hannover und Dozent für Bauen mit nachwachsenden Rohstoffen und Lehm im Lehrgebiet Baustoffkunde. Er studierte Agrarwissenschaften in Berlin und Valencia sowie Architektur in Braunschweig und Hannover. Nach seinem Architekturstudium arbeitete er in verschiedenen Architekturbüros in Hannover, Berlin und Abu Dhabi. Teilnahme an Schiedsgerichten unter anderem bei der Agrupació Joves Arquitectes de Catalunya. Er lebt in Hannover und arbeitet als freier Architekt im Bereich ländliche Entwicklung und nachhaltiges Bauen.

Amelie Deuflhard ist seit 2007 Intendantin des Kampnagel Hamburg und seit 2012 Trägerin des Caroline Neuber-Preises sowie seit 2013 der Insignien des Chevaliers des Arts et Lettres des französischen Kulturministeriums. Bis 2000 war sie freie Produzentin für Theater, Tanz und Musikprojekte und ab 2000 verantwortlich für die künstlerische Leitung der Sophiensaele in Berlin.
2004/2005 war sie die künstlerische Co-Leiterin des „Volkspalasts", einer festivalartigen Bespielung des demontierten Palasts der Republik.
Amelie Deuflhard hat Lehraufträge an verschiedenen deutschen sowie europäischen Hochschulen und ist (Mit-)Herausgeberin verschiedener Publikationen, u.a. „VOLKSPALAST – Zwischen Aktivismus und Kunst" (2005) und „Parcitypate: Art und Urban Space" (2009).

Dipl.-Ing. Stefan Feldschnieders führt seit 1996 das Architekturbüro FELDSCHNIEDERS + KISTER ARCHITEKTEN BDA in Partnerschaft mit Tobias Kister.
2001 wurde er in den BDA berufen.
1986 bis 1992 studierte er Architektur an der TU Hannover und arbeitete anschließend in verschiedenen Architekturbüros.
Sein Büro beteiligt sich an zahlreichen Wettbewerben.

Prof. Jörg Friedrich ist seit 2000 Professor für Entwerfen und Gebäudelehre an der Leibniz Universität Hannover und seit 1980 freier Architekt. Sein Architekturbüro PFP ARCHITEKTEN hat Büros in Hamburg (seit 1988), Genua (seit 1996) und Frankfurt (seit 2014).
Nach seinem Architekturstudium in Stuttgart und Rom arbeitete er von 1982 bis 1985 am Max-Planck-Institut in Rom.
1987 erhielt er den Villa-Massimo-Preis.
Er unterrichtet seit 1984 als Professor und Dozent an Universitäten unter anderem in Hamburg, Mendrisio und Rom.
Prof. Friedrich realisierte Bauten und Projekte in Deutschland, Österreich, Polen, Italien und in der Schweiz. Sein Schwerpunkt liegt in den Bereichen Theaterbauten, Konzertsäle und Opernhäuser. Seine Arbeit wurde mit zahlreichen Architektur- und Kunstpreisen ausgezeichnet.

Dipl.-Ing. Peter Haslinger ist seit 2004 wissenschaftlicher Mitarbeiter am Institut für Entwerfen und Gebäudelehre an der Leibniz Universität Hannover und Dozent für konzeptionelles Entwerfen. Nach seinem Architekturstudium in Wien, Hannover und Zürich arbeitete er in verschiedenen renommierten Architekturbüros als freischaffender Architekt. 2000 bis 2004 war er Mitarbeiter im Vitra Design Museum Berlin. 2000 gründete er das Architekturbüro ZONE29 in Berlin. Er forscht zum Thema „Diagrammatik in der Architektur".

Dipl.-Ing. M. Arch. Simon Takasaki ist seit 2011 wissenschaftlicher Mitarbeiter am Institut für Entwerfen und Gebäudelehre an der Leibniz Universität Hannover und Dozent für Digitales Gestalten am Institute for Architectural Design Prof. Staab an der TU Braunschweig. Er ist Gastkritiker an der London Southbank University, dem Royal College of Art London, der TU Berlin und der Universität Innsbruck. Nach seinem Architektur- und Städtebaustudium in Kiel, Berlin und London arbeitete er von 2005 bis 2011 für progressive Büros in Berlin, Wien, London und Peking und gründete 2011 TAKASAKI LAUW ARCHITECTS in Berlin. Seine Arbeiten wurden bereits international publiziert und ausgestellt, unter anderem auf der Architektur Biennale in Venedig und im Museum of Modern Art in New York.

Dipl.-Ing. Oliver Thiedmann ist seit 2011 als wissenschaftlicher Mitarbeiter am Institut für Entwerfen und Gebäudelehre an der Leibniz Universität Hannover tätig. Er studierte Architektur an der Leibniz Universität in Hannover, schloss 2010 mit seinem Diplom ab und arbeitete anschließend in Hannover als Architekt. Im Jahre 2012 eröffnete er das Architekturbüro OTCONCEPTS. Neben der Architektur ist das Büro auch im Bereich der Projektentwicklung tätig.

Dipl.-Pol. Kay Wendel arbeitet seit 2003 ehrenamtlich im Flüchtlingsrat Brandenburg. Nach dem Studium der Politikwissenschaften in Berlin war er 1998 Mitgründer des Projekts Opferperspektive, einer Beratungsstelle für Opfer rechter Gewalt in Brandenburg. Für Pro Asyl erstellte er Studien über die Residenzpflicht für Flüchtlinge und führte einen Ländervergleich zur Unterbringung in Deutschland durch. In Babylonia e. V., einer selbstverwalteten Sprachschule in Berlin-Kreuzberg, arbeitet er als Dozent für Deutsch als Fremdsprache.

BILDNACHWEIS

FOTOESSAY

Seite 1 Herausgeber: Protestcamp gegen Asylgesetzgebung, Hannover **Seite 2 | 3** Herausgeber: Protestcamp gegen Asylgesetzgebung, Hannover **Seite 4 | 5** Herausgeber: Flüchtlingsunterkunft, Container, Hannover **Seite 6 | 7** Klaus Frahm: Flüchtlingsunterkunft, Container, Hannover **Seite 8 | 9** Herausgeber: Flüchtlingsunterkunft, Container, Hannover **Seite 10 | 11** Herausgeber: Flüchtlingsunterkunft, Container, Hannover **Seite 12 | 13** Herausgeber: Flüchtlingsunterkunft, Umnutzung eines Krankenhauses, Hannover **Seite 14 | 15** Klaus Frahm: Flüchtlingsunterkunft, Umnutzung eines Krankenhauses, Hannover **Seite 16 | 17** Herausgeber: Flüchtlingsunterkunft, Neubau, Hannover **Seite 18 | 19** Herausgeber: Flüchtlingsunterkunft, Neubau, Hannover **Seite 20 | 21** Herausgeber: Flüchtlingsunterkunft, Neubau, Hannover **Seite 22 | 23** Klaus Frahm: Flüchtlingsunterkunft, Neubau, Hannover **Seite 24 | 25** Klaus Frahm: Flüchtlingsunterkunft, Neubau, Hannover **Seite 26 | 27** Herausgeber: Flüchtlingsunterkunft, Neubau, Hannover **Seite 28 | 29** Klaus Frahm: Flüchtlingsunterkunft, Neubau, Hannover **Seite 30 | 31 | 32** Klaus Frahm: Zeichnung vor Flüchtlingsunterkunft

TEXTE

Seite 70 | 72 | 73 | 75 Kampnagel: "ecoFavela"
Seite 70 Kevin McElvaney: "ecoFavela"

KONZEPTE

Seite 108 | 109 Herausgeber: Fakultät für Architektur und Landschaft, Herrenhausen, Hannover **Seite 120 | 121** Herausgeber: Pavillon der Niederlande, Expogelände, Hannover **Seite 134 | 135** Herausgeber: Pavillon der Niederlande, Expogelände, Hannover **Seite 142 | 143** Herausgeber: Parkhaus, Am Steintor, Hannover **Seite 152 | 153** Herausgeber: Güterbahnhof, Nordstadt, Hannover **Seite 160 | 161** Herausgeber: Messehalle 13, Messegelände, Hannover **Seite 170 | 171** Herausgeber: Baulücke, Döhren, Hannover **Seite 178 | 179** Herausgeber: Baulücke, Nordstadt, Hannover **Seite 186 | 187** Herausgeber: Güterbahnhof, Nordstadt, Hannover **Seite 196 | 197** Herausgeber: Leine, Hannover **Seite 208 | 209** Herausgeber: Parkplatz, Calenberger Neustadt, Hannover **Seite 216 | 217** Herausgeber: Hinterhof, Bremen **Seite 226 | 227** Herausgeber: Gartenkolonie, Herrenhausen, Hannover

COLLAGEN

Seite 106 | 107 | 132 | 133 | 168 | 169 | 184 | 185 | 206 | 207
Cover Lena Kallweit

BIBLIOGRAFIE TEXTE

Jörg Friedrich
Plädoyer für eine menschenwürdige
„Architektur des Ankommens"

1 http://www.zeit.de/gesellschaft/zeitgeschehen/2015-03/
fluechtlinge-anstieg-asylantraege-fluechtlingspolitik

Christoph Borchers und Oliver Thiedmann
Das integrative Potenzial der Architektur

Lynch, Kevin (2010): Das Bild der Stadt. Basel

Schrader Stiftung (2007): Zuwanderer auf dem Land - Neue Formen der Zuwanderung (20.04.2007). http://www.schrader-stiftung.de/themen/vielfalt-und-integration/fokus/zuwanderung-im-laendlichen-raum/artikel/zuwanderer-auf-dem-land-neue-formen-der-zuwanderung/, 26.05.2015

Schrader-Stiftung (Hrsg) (2014): Interkulturelle Öffnung und Willkommenskultur in strukturschwachen ländlichen Regionen. Darmstadt

Vesely, Ivalu (2012): Tolerant und Städtebau – Die Bedeutung des Fremden in frühzeitlichen Stadtgründungen am Beispiel der Exulantenstädte Glückstadt und Friedrichstadt. Braunschweig

Wilke, Jürgen in Bregulla, Gottfried (Hrsg.) (1988): Hugenotten in Berlin. Berlin

Wörner, Martin; Mollenschott, Doris; Hüter, Karl-Heinz; Siegel,Paul (2001): Architekturführer Berlin. Berlin

Kay Wendel
Von der Architektur der Abschreckung
zum Wohnen als Grundrecht

1 Lage: http://www.openstreetmap.org/way/29370195#map
=13/52.5170/14.0663&layers=T
2 Die Zitate sind dem Film „Le Heim" von Leona Goldstein ent-

nommen, Berlin 2005.
3 Renner 2005: 1058.
4 Rechtsamt des Landratsamtes Oberspreewald-Lausitz: Antrag auf Abweisung der Klage an das Verwaltungsgericht Cottbus vom 20.11.2007.
5 So die Integrationsbeauftragte des Landes Sachsen-Anhalt Susi Möbbeck auf der Anhörung des Innenausschusses des Landtags am 22.10.2014, S. 18. Internet: http://www.landtag.sachsen-anhalt.de/fileadmin/files/aussch/wp6/inn/protok/inn052p6i.pdf [abgerufen 26.04.2015]
6 Vgl. z.B. die Erweiterung der Gemeinschaftsunterkunft Torgauer Straße in Leipzig von 300 auf 500 Plätze oder der Plan, die ehemalige Luftwaffenkaserne Ladeburg bei Bernau/Brandenburg als Gemeinschaftsunterkunft mit bis zu 670 Plätzen zu nutzen.
7 Die Berechnungen basieren auf Daten des Statistischen Bundesamtes der Jahre 2013 und 2014: Empfängerinnen und Empfänger nach Bundesländern, nach Art der Unterbringung. Internet: https://www.destatis.de/DE/ZahlenFakten/GesellschaftStaat/Soziales/Sozialleistungen/Asylbewerberleistungen/Tabellen/Tabellen_EmfaengerBL.html
8 Pressemitteilung Nr. 17–502 der SPD-Landtagsfraktion Niedersachsen v. 26.02.2015: „Schwarz: Sozialwohnungen für Flüchtlinge – SPD will Bauprogramm in Niedersachsen." Internet: http://www.spd-fraktion-niedersachsen.de/imperia/md/content/ltf/pressemitteilungen/pressemitteilungen/2015/17-502_schwarz_fl__chtlingskonferenz.pdf [abgerufen 27.04.2015]

Ergänzende Literatur

BAMF (2015): Aktuelle Zahlen zu Asyl. Ausgabe März 2015. Internet: http://www.bamf.de/SharedDocs/Anlagen/DE/Downloads/Infothek/Statistik/Asyl/statistik-anlage-teil-4-aktuelle-zahlen-zu-asyl.pdf?__blob=publicationFile [abgerufen 26.04.2015]

BBU (2014): Verband Berlin-Brandenburgischer Wohnungsunternehmen: Presseinformation zur Jahrespressekonferenz am 03.06.2014. Internet: https://bbu.de/sites/default/files/press-releases/pressemappe_jpk_brandenburg_-final-.pdf [abgerufen 26.04.2015]

Cremer, Hendrik (2014): Menschenrechtliche Verpflichtungen bei der Unterbringung von Flüchtlingen. Empfehlungen an die Länder, Kommunen und den Bund. Hg. v. Deutsches Institut für Menschenrechte. Internet: http://www.institut-fuer-menschenrechte.de/uploads/tx_commerce/Policy_Paper_26_Menschenrechtliche_Verpflichtungen_bei_der_Unterbringung_von_Fluechtlingen_01.pdf [abgerufen 26.04.2015]

Diakonie (2014): Positionen zur Aufnahme, Wohnraumversorgung und Unterbringung von Flüchtlingen. Internet: http://www.diakonie.de/media/Texte-07_2014_Positionen_Fluechtlingen.pdf [abgerufen 26.04.2014]

Flüchtlingsrat Brandenburg (2015): Menschenrechtliche Verpflichtungen bei der Unterbringung von Flüchtlingen umsetzen. Internet: http://www.fluechtlingsrat-brandenburg.de/aktuelles/offener-brief-an-die-landesregierung-brandenburg-menschenrechtliche-verpflichtungen-bei-der-unterbringung-von-fluechtlingen [abgerufen 26.04.2015]

Hohlfeld, Thomas (2015): IST-Zahlen in Deutschland lebender Flüchtlinge, Angaben des AZR. Internet: http://www.ulla-jelpke.de/wp-content/uploads/2015/02/150209_IST-Zahlen_Fl%C3%BCchtlinge_2014.pdf [abgerufen 26.04.2015]

Köhnke, Jochen (2014): Kreative politische Konzepte der Flüchtlingsaufnahme in Münster. Internet: http://library.fes.de/pdf-files/wiso/10949.pdf [abgerufen 27.04.2015]

Landesregierung Brandenburg (2013): Bericht zum Unterbringungskonzeption des Landes Brandenburg. Drs. LT-BB 5/7559 v. 01.07.2013. Internet: http://www.parldok.brandenburg.de/parladoku/w5/drs/ab_7500/7559.pdf [abgerufen 26.04.2015]

Renner, Günter (2005): Ausländerrecht, 8. Aufl., München.

Wendel, Kay (2014): Unterbringung von Flüchtlingen in Deutschland. Regelungen und Praxis der Bundesländer im Vergleich. Hg. v. Pro Asyl. Internet: http://www.proasyl.de/fileadmin/fm-dam/NEWS/2014/Laendervergleich_Unterbringung_2014-09-23_02.pdf [abgerufen 26.04.2015]

HINTERGRÜNDE

Seite 76 Europa 1500–1945
UNHCR Global Trends 2013, United Nations High Commissioner for Refugees, 2014, http://www.unhcr.org/5399a14f9.html (Stand: 21.11.2014)

Seite 77 Historie Europa 1500–1945
oben
http://irserver.ucd.ie/bitstream/handle/10197/ogradac_article_pub_035.pdf?sequence=3 (Stand: 30.11.2014)
http://ieg-ego.eu/de/mediainfo/die-auswanderung-der-hugenotten-nach-dem-edikt-von-fontainebleau (Stand: 30.11.2014)
http://michel.azaria.free.fr/FrameEn.htm (Stand: 30.11.2014)
http://www.bpb.de/fsd/centropa/judenindeutschland1933_1939.php (Stand: 30.11.2014)
Hahn, Sylvia: Historische Migrationsforschung. Frankfurt/New York: Campus Verlag, 2012, S.175
unten
Kühl, Anja: „1944-1950: Vertriebene Deutsche und Polen", in: Berliner Zeitung, Nr. 270/2014, S. 8
Schechtman, Joseph B.: The Refugee in the World. Displacement and Integration. New York: A. S. Barnes and Company, 1963, S. 74, 86
http://www.therefugeeproject.org/#/2002/SRB (Stand: 30.11.2014)

Seite 78 | 79 Flüchtlingsströme 2011
nach www.tableausoftware.com/public/gallery/global-refugee-tracker (Stand: 21.11.2014)
Die zugrunde liegenden Werte stammen aus dem Jahr 2011.

Seite 80 | 81 Aktuelle Flüchtlingsströme nach Europa
UNHCR Global Trends 2013, United Nations High Commissioner for Refugees, 2014,
http://www.unhcr.org/5399a14f9.html (Stand: 21.11.2014)

Seite 82-85 Festung Europa
http://www.bpb.de/gesellschaft/migration/kurzdossiers/179671/frontex-und-das-grenzregime-der-eu (Stand: 16.12.2014)
http://ddc.arte.tv/unsere-karten/eu-migranten-und-grenzen (Stand: 10.12.2014)

http://frontex.europa.eu/assets/Publications/Risk_Analysis/ Annual_Risk_Analysis_2014.pdf (Stand: 16.12.2014)
http://www.unhcr.de/fileadmin/user_upload/dokumente/06_ service/zahlen_und_statistik/Global_ Trends_2013.pdf (Stand: 16.12.2014)
http://www.dw.de/schwierige-flucht-aus-syrien/a-18061327 (Stand: 16.12.2014)
http://www.amnesty.de/journal/2014/august/auf-kosten-der-menschen?destination=node/1345?pa ge=3 (Stand: 16.12.2014)
http://www.spiegel.de/politik/ausland/fluechtlinge-europas-toedliche-grenzen-multimedia-reporta ge-a-989815. html (Stand: 16.12.2014)
http://www.huffingtonpost.de/2014/08/29/frontex-europa-wissen_n_5735560.html (Stand: 16.12.2014)
http://www.zeit.de/wirtschaft/2014-10/fluechtlinge-grenz-zaun abschottung-europa (Stand: 16.12.2014)
http://www.spiegel.de/politik/ausland/fluechtlinge-europas-toedliche-grenzen-multimedia-reporta ge-a-989815-2. html (Stand: 16.12.2014)
http://www.bpb.de/gesellschaft/migration/kurzdossiers/ 179679/frontex-fragen-und-antworten (Stand: 16.12.2014)
http://www.eeas.europa.eu/what_we_do/index_de.html (Stand: 16.12.2014)
http://www.ausgabe1.de/rubriken/texte-filme/ueber-wachungsglossar/eurosur-frontex/ (Stand: 16.12.2014)

Seite 86 | 87 Asylbewerber und Flüchtlinge in Deutschland
http://popstats.unhcr.org/PSQ_DEM.aspx (Stand: 02.12.2014)

Seite 88 | 89 Fluchtrouten nach Europa
http://www.imap-migration.org/index.php?id=1130&L=-1

Seite 90 | 91 Persönliche Interviews
http://www.bamf.de/DE/Migration/AsylFluechtlinge/Asylverfahren/Verteilung/verteilung-node.html

Seite 92 | 93 Ausländer sind keine Belastung …
http://ftp.zew.de/pub/zew-docs/gutachten/ZEW_BeitragZuwanderungStaatshaushalt2014.pdf

Seite 94 | 95 Asylverfahren
http://www.bamf.de/DE/Migration/AsylFluechtlinge/Asylrecht/asylrecht-node.html (Stand: 12.12.14)
http://www.bamf.de/DE/Migration/AsylFluechtlinge/Fluechtlingsschutz/fluechtlingsschutz-node.html (Stand: 12.12.14)
http://www.bamf.de/DE/Migration/AsylFluechtlinge/Subsidiaer/subsidiaer-node.html (Stand: 12.12.14)
http://www.bamf.de/SharedDocs/Anlagen/DE/Downloads/Infothek/Statistik/statistik-anlage-teil-4-aktuelle-zahlen-zu-asyl.pdf?__blob=publicationFile (Stand: 05.12.2014)
http://www.proasyl.de/de/themen/basics/basiswissen/asyl-in-deutschland/wie-laeuft-das-verfahren (Stand: 05.12.14)
http://www.bamf.de/DE/Migration/AsylFluechtlinge/Asylverfahren/asylverfahren-node.html (Stand: 05.12.14)

Seite 96 Asylverfahren

Zitat de Maizière
http://www.sueddeutsche.de/politik/krise-im-irak-de-maizire-spricht-sich-gegen-aufnahme-vonfluechtlingen-aus-1.2100861 (Stand: 10.12.2014)

Zitat Merkel
http://www.welt.de/politik/deutschland/article133881405/Es-waere-unchristlich-zu-viele-aufzunehmen.html (Stand: 10.12.2014)

Diagramm
http://www.bamf.de/SharedDocs/Anlagen/DE/Publikationen/Broschueren/bundesamt-in-zahlen-2013. pdf?__blob=publicationFile, S. 47 Tab. I-14 (Stand: 21.11.2014)

GEFÖRDERT DURCH

IMPRESSUM

2. Auflage © 2015 by jovis Verlag GmbH
© 2015 by jovis Verlag GmbH
Das Urheberrecht für die Texte liegt bei den Autoren.
Das Urheberrecht für die Abbildungen liegt bei den Inhabern
der Bildrechte.

Alle Rechte vorbehalten.

Herausgeber: Jörg Friedrich, Simon Takasaki, Peter Haslinger,
Oliver Thiedmann, Christoph Borchers
Institut für Entwerfen und Gebäudelehre,
Abteilung Entwerfen und Architekturtheorie,
Fakultät für Architektur und Landschaft
Leibniz Universität Hannover
www.friedrich.entwerfen.uni-hannover.de

Redaktion: Simon Takasaki, Peter Haslinger
Gestaltungskonzept, Layout und Satz:
Kathrin Schmuck \ Bucharchitektur
Mitarbeit: Maike Adolf, Christoph Borchers, Constantin Bruns,
Valentina Forsch, Peter Haslinger, Lena Kallweit,
Marion Knobloch, Julian Martitz, Annett Mickel-Lorenz,
Alina Schilmöller, Simon Takasaki, Oliver Thiedmann
Lektorat: Philipp Sperrle, jovis Verlag
Herstellung: Susanne Rösler, jovis Verlag
Lithografie: Bild1Druck, Berlin
Druck und Bindung: DZS Grafik d.o.o., Ljubljana

Bibliografische Information der Deutschen Nationalbibliothek
Die Deutsche Nationalbibliothek verzeichnet diese Publikation
in der Deutschen Nationalbibliografie; detaillierte bibliografische Daten sind im Internet über http://dnb.d-nb.de abrufbar.

jovis Verlag GmbH
Kurfürstenstraße 15/16
10785 Berlin

www.jovis.de

ISBN 978-3-86859-378-5